WAKE UP!
일본어 잠재력!

日語나라!
일본어 ①

일본어 으뜸
(주)시사일본어사

머리말

　본 교재는 대학의 교양교육과정이나 처음 일본어를 접하는 학습자 등에서 사용하기에 적합한 교재를 만들자는 취지아래 저자들이 그동안의 경험을 살려 집필하였습니다.

　처음 일본어를 접하는 학습자들이 부담 없이 익힐 수 있도록 문자, 발음을 제외하고 10과로 편성했습니다. 기존의 교과서보다 제시된 양은 적지만 기본어휘와 문형을 중심으로 구성하고자 노력했으며 본문 또한 생활에 적합한 내용을 담고자 했습니다.

　가장 자연스럽고 실용적인 교재는 실제 생활이 반영된 드라마나 영화 등이 아닐까 합니다. 외국어 교재는 대부분 학습과정에 맞게 다소 인위적인 형태로 필요에 의해 만들어진 것이 많아 제시된 회화문이 실제 생활에서는 그다지 유용하지 못할 수 도 있습니다. 그러나 기본적인 어휘와 표현 , 문형들을 익혀가면서 여러분도 모르는 사이에 일본어의 구조를 이해하고 일본어 문장이 익숙해질 것입니다. 언어습득의 열쇠는 목표언어와 얼마나 친해질 수 있는가 에 있습니다. 그러나 교재를 통해 외국어를 익힐수 있는 확률은 그다지 높지 않다고 합니다. 그 이유는 아마도 초심을 유지하며 끝까지 학습해가기 어렵기 때문일 것입니다. 바꾸어 말하면 첫 과를 공부할 때의 열정과 각오를 마지막까지 유지할 수 있다면 아마도 여러분은 기초과정의 일본어를 익히고 다음 레벨로 올라갈 수 있을 것입니다. 처음 일본어에 도전하는 여러분들에게 몇 가지 팁(Tip)을 드리고자 합니다. 참고하시길 바랍니다.

1. 매일 꾸준히 최소한 30분 이상 공부하자.
2. 머리로 익히려고 하지 말고 입과 귀로 공부하자.
3. 큰 소리와 반복으로 단어와 문장이 입에서 튀어 나올 수 있도록 하자.

　위의 세 가지 항목에 충실하게 따른다면 여러분은 일본어의 달인이 되어 있을 것입니다. 물론 쉬운 일은 아니지요. 그러나 여러분이 외국어(일본어)를 정복하기 위해서는 매일 꾸준히 공부하는 것이 제일 중요합니다. 그것도 머리로 암기하는 것이 아니라 끊임없이 반복해서 큰 소리로 읽고 들으며 익힐 때 어느덧 일본어는 여러분의 제2 언어로 자리잡아갈 것입니다.

　がんばってください！ファイト！(열심히 하세요! 파이팅!)

저자 일동

구성 및 특징

　이 책은 전체적으로 1부 일본어의 문자와 발음, 2부 본문-회화문, 3부 부록으로 구성되어 있습니다. 1부에서는 먼저 일본어에서 사용되는 109개의 音(음)을 로마자 표기의 오십음도(五十音図)표로 확인한 후, 정확한 획순 및 설명과 함께 히라가나와 가타카나 문자를 익히도록 되어 있습니다. 2부 본문-회화문은 총 10과로 구성되어 있으며, 「단어 체크」, 「표현 체크」, 「문법&문형 포인트」, 「회화 1, 2」, 「확인 학습」, 「연습 문제」, 「문화 코너」로 구성되어 있습니다. 「단어 체크」 및 「표현 체크」는 각 과를 시작하기에 앞서 새로 나온 단어와 표현을 품사와 의미별로 알기 쉽게 제시하였습니다. 「문법& 문형 포인트」는 핵심이 되는 문법과 문형 및 회화에서 꼭 필요한 필수 표현들을 다양한 예문과 설명으로 제시하여 실제 회화 장면에서 곧바로 응용할 수 있도록 구성하였습니다. 「회화 1, 2」는 앞에서 학습한 단어 및 문형을 기반으로 실생활 커뮤니케이션 장면에서는 어떻게 사용되는지, 자연스러운 일본어 회화 습득을 목표로 존경체와 보통체(반말)를 병행 학습하도록 구성하였습니다. 「확인 학습 1, 2」는 매 과에서 학습한 내용을 최종 점검하는 차원에서 언어의 4가지 기능(읽기, 쓰기, 듣기, 말하기) 능력이 균형있게 길러질 수 있도록 구성하였습니다. 「문화 코너」는 전반적인 언어 생활과 더불어 현재의 일본을 바르게 알고 이해하는데 도움이 되는 다양한 문화 관련 내용을 수록하였습니다. 마지막 부록에서는 각 과의 듣기 연습문제의 스크립트와 쓰기의 정답 및 게임 자료 등을 수록하였습니다.

등장인물

かんなあつこ
간나 나츠코

キムウンス
김 은수

パクユナ
박 유나

チェウンビ
최 은비

イヒョンウ
이 현우

ハルナ
하루나

先生
선생님

학습 목표

각 과에서 학습할 내용을 학습 목표로 제시하여
학습의 동기 부여가 되도록 하였습니다.

단어 체크 / 표현 체크 / 문법&문형 포인트

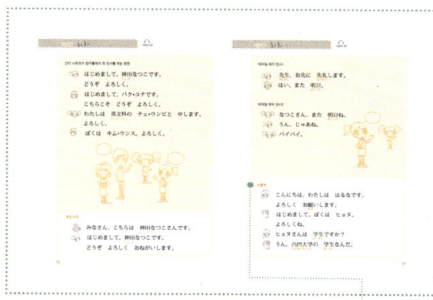

회화 1 / 회화 2

보통체 (반말)

본문 회화와 병행하여 보통체 (반말) 회화를 실
어 실생활 커뮤니케이션 능력 향상에 도움이 되
도록 하였습니다.

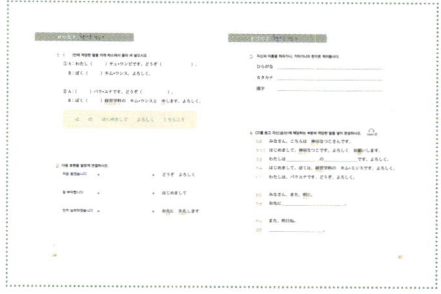

확인 학습

연습 문제

청취 문제

연습문제 가운데 청취 문제를 별도로 구성하여
회화의 근간이 되는 청취력 향상에 도움이 되도
록 하였습니다.

문화 코너

문화 TALK

일본인 친구와의 일상적인 채팅을 통해 한일간
문화 차이에서 오는 소소하지만 깨알같은 재미
를 느낄 수 있는 〈문화 TALK〉! 실제적인 회화
장면에서도 話のネタ(이야깃거리) 로 유용하게
활용하세요~!!

문자와
발음

일본어 문자와 발음 – **히라가나**

일본어 시작은 히라가나부터!!!

일본어를 익히려면 50음도표부터 외워야 해요. 50음도표이긴 하지만 실제 사용되지 않는 것을 빼면 46개랍니다. 큰 소리로 읽어가며 외우세요.

track-01

히라가나 50음도표

단 행	あ	い	う	え	お
あ	あ a	い i	う u	え e	お o
か	か ka	き ki	く ku	け ke	こ ko
さ	さ sa	し shi	す su	せ se	そ so
た	た ta	ち chi	つ tsu	て te	と to
な	な na	に ni	ぬ nu	ね ne	の no
は	は ha	ひ hi	ふ hu	へ he	ほ ho
ま	ま ma	み mi	む mu	め me	も mo
や	や ya		ゆ yu		よ yo
ら	ら ra	り ri	る ru	れ re	ろ ro
わ	わ wa				を o
	ん n				

10

○ 외래어는 가타카나로!!!

일본인들은 외래어를 많이 씁니다. 그 외래어를 표기하는 글자가 바로 가타카나! 가타카나만 읽을 줄 알아도 일본 잡지며 거리 간판의 반 이상은 이해할 수 있답니다. 또, 의성어·의태어와 강조하고 싶은 말에도 가타카나를 쓰니 히라가나와 함께 꼭 외워 둬야 합니다.

track-02

가타카나 50음도표

행 \ 단	ア	イ	ウ	エ	オ
ア	ア a	イ i	ウ u	エ e	オ o
カ	カ ka	キ ki	ク ku	ケ ke	コ ko
サ	サ sa	シ shi	ス su	セ se	ソ so
タ	タ ta	チ chi	ツ tsu	テ te	ト to
ナ	ナ na	ニ ni	ヌ nu	ネ ne	ノ no
ハ	ハ ha	ヒ hi	フ hu	ヘ he	ホ ho
マ	マ ma	ミ mi	ム mu	メ me	モ mo
ヤ	ヤ ya		ユ yu		ヨ yo
ラ	ラ ra	リ ri	ル ru	レ re	ロ ro
ワ	ワ wa				ヲ o
	ン n				

일본어 문자와 발음 – **청음**

'청음'은 맑은 소리라는 뜻입니다. 탁점이나 반탁점이 없는 글자를 말하는데요, 앞의 50음도에 있는 글자 그대로 읽히는 글자입니다. 하나씩 하나씩 자세히 익혀보세요.

일본어의 기본 모음이며, 한국어의 '아·이·우·에·오' 발음과 비슷합니다. 단 「う」발음에 주의하세요. '우'와 '으'의 중간 발음으로 입술에 힘을 빼고 '으'에 가깝게 소리냅니다.

track-03

あ[a]	い[i]	う[u]	え[e]	お[o]
あい 사랑	いす 의자	うた 노래	え 그림	おう 왕

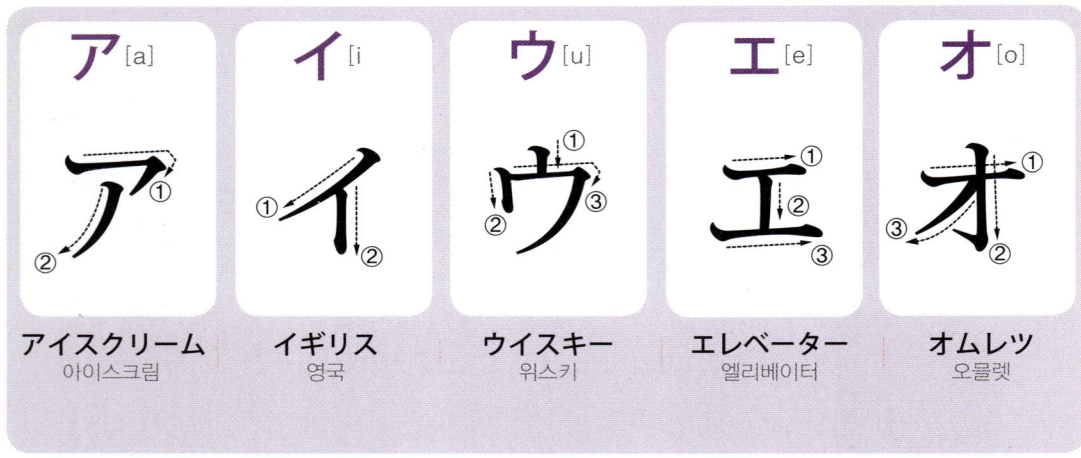

ア[a]	イ[i]	ウ[u]	エ[e]	オ[o]
アイスクリーム 아이스크림	イギリス 영국	ウイスキー 위스키	エレベーター 엘리베이터	オムレツ 오믈렛

か_행 カ_행

한국어의 'ㄱ'과 'ㅋ'의 중간 발음이지만, 단어의 첫 글자로 나올 때는 'ㅋ'에 가깝게, 단어 중간이나 끝에 올 때는 'ㄲ'로 읽는 것이 일본어 발음에 가깝습니다.

track-04

か [ka]	き [ki]	く [ku]	け [ke]	こ [ko]

かばん	き	くも	けいたい	こえ
가방	나무	구름	핸드폰	목소리

カ [ka]	キ [ki]	ク [ku]	ケ [ke]	コ [ko]
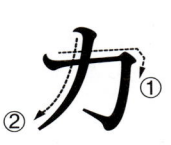		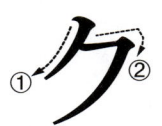	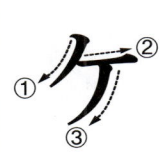	
カーテン	キー	クッキー	ケーキ	コート
커텐	열쇠	쿠키	케익	코트

일본어 문자와 발음 – **청음**

 한국어의 '사 · 시 · 스 · 세 · 소' 발음과 비슷합니다. 단 「**す**」 발음에 주의하세요. '스'와 '수'의 중간 발음으로 입모양을 튀어나오게 하지 말고 소리내보세요.

track-05

さ[sa]	し[shi]	す[su]	せ[se]	そ[so]
あさ	**しお**	**すし**	**せんせい**	**そら**
아침	소금	초밥	선생님	하늘

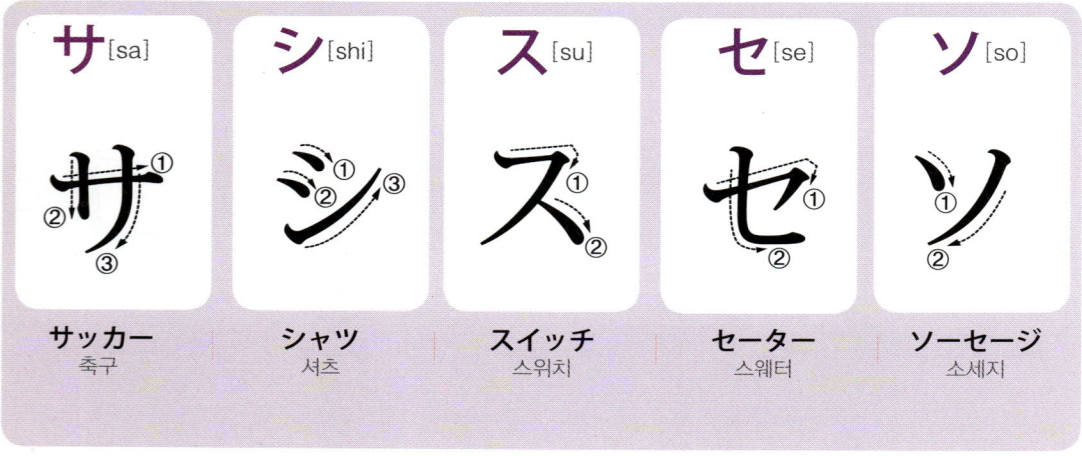

サ[sa]	シ[shi]	ス[su]	セ[se]	ソ[so]
サッカー	**シャツ**	**スイッチ**	**セーター**	**ソーセージ**
축구	셔츠	스위치	스웨터	소세지

| た_행 | タ_행 |

た_행 **タ_행** '타·티·투·테·토'가 아닙니다. 헷갈리지 마세요. 「ち」와 「つ」는 우리말의 '치' '츠'에 가깝고요, 「た·て·と」는 단어 첫글자에서는 'ㅌ'에 가깝고, 단어 중간이나 끝에 있으면 'ㄸ'에 가깝게 발음합니다.

track-06

た[ta]	ち[chi]	つ[tsu]	て[te]	と[to]
た	ち	つ	て	と
たこ 문어	**ちち** 아버지	**くつ** 구두	**て** 손	**とけい** 시계

タ[ta]	チ[chi]	ツ[tsu]	テ[te]	ト[to]
タ	チ	ツ	テ	ト
タクシー 택시	**チキン** 치킨	**ツアー** 투어	**テレビ** 텔레비전	**トマト** 토마토

한국어의 '나·니·누·네·노' 발음과 비슷합니다. 단「ぬ」발음에 주의하세요. '누'와 '느'의 중간 발음으로 입모양을 튀어나오게 하지 말고 '누'라고 소리냅니다.

track-07

な [na]	に [ni]	ぬ [nu]	ね [ne]	の [no]
なす	かに	いぬ	ねこ	のり
가지	게	개	고양이	풀

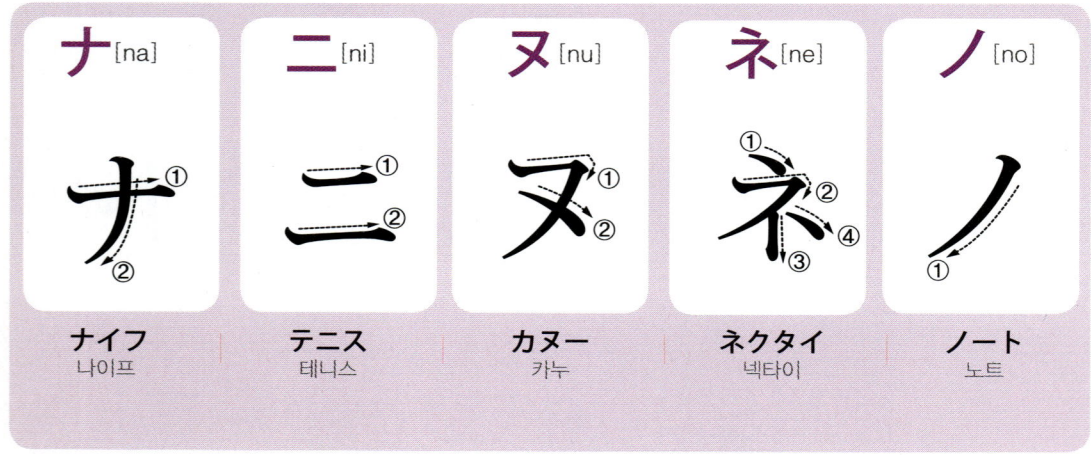

ナ [na]	ニ [ni]	ヌ [nu]	ネ [ne]	ノ [no]
ナイフ	テニス	カヌー	ネクタイ	ノート
나이프	테니스	카누	넥타이	노트

 **は**행 **ハ**행

한국어의 '하·히·후·헤·호' 발음과 비슷합니다. 「**ひ**」는 입술을 옆으로 당겨 발음하고, 「**ふ**」를 발음할 때는 입술을 너무 둥글리지 말고 약간 평평한 상태에서 소리내야 합니다.

track-08

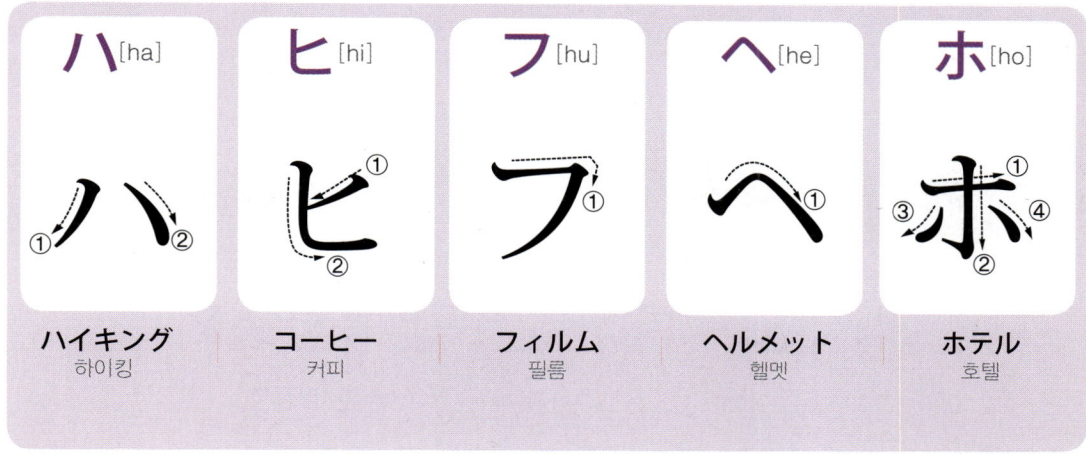

は[ha]	ひ[hi]	ふ[hu]	へ[he]	ほ[ho]
は	ひ	ふ	へ	ほ
はし 젓가락	ひこうき 비행기	ふね 배	へそ 배꼽	ほん 책

ハ[ha]	ヒ[hi]	フ[hu]	ヘ[he]	ホ[ho]
ハ	ヒ	フ	ヘ	ホ
ハイキング 하이킹	コーヒー 커피	フィルム 필름	ヘルメット 헬멧	ホテル 호텔

 한국어의 '마·미·무·메·모' 발음과 비슷합니다. 「**む**」는 한국어의 '무'라고 발음하기 보다는 '무'와 '므'의 중간발음이라고 생각하면서 소리내도록 해보세요.

track-09

ま[ma]	**み**[mi]	**む**[mu]	**め**[me]	**も**[mo]
まめ 콩	うみ 바다	むし 벌레	め 눈	もち 떡

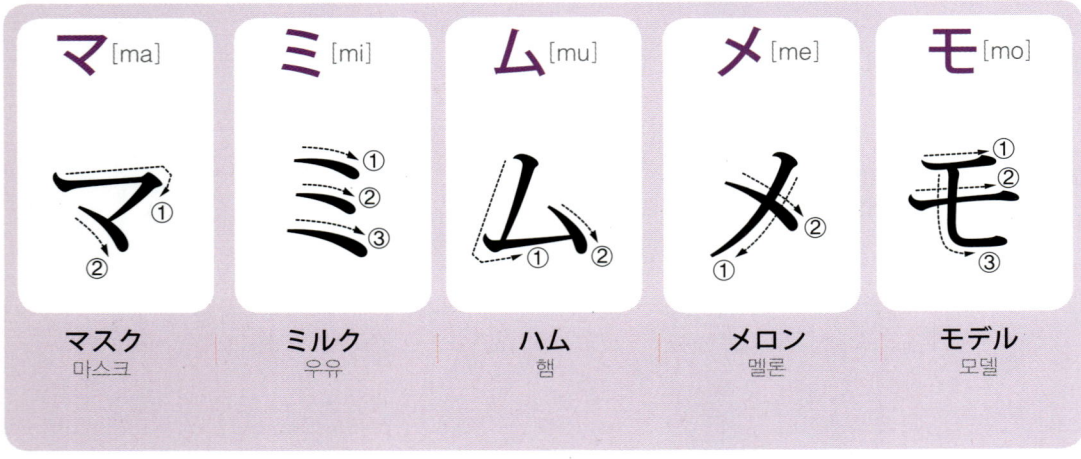

マ[ma]	**ミ**[mi]	**ム**[mu]	**メ**[me]	**モ**[mo]
マスク 마스크	ミルク 우유	ハム 햄	メロン 멜론	モデル 모델

한국어의 '야 · 유 · 요' 발음과 비슷합니다. 카타카나의 「ユ」는 「コ」와 헷갈리기 쉬우니까 주의해서 외우세요.

track-10

や [ya]	ゆ [yu]	よ [yo]
やま 산	ゆき 눈	よる 밤

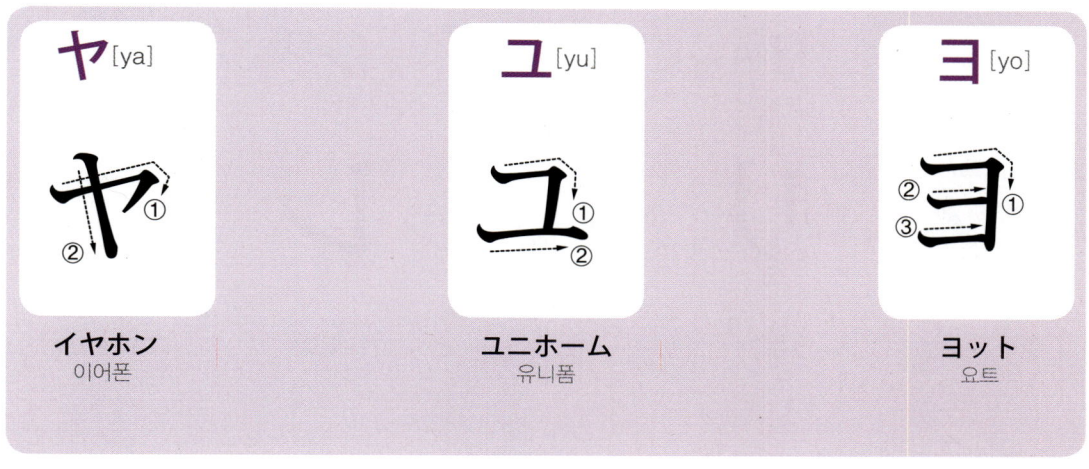

ヤ [ya]	ユ [yu]	ヨ [yo]
イヤホン 이어폰	ユニホーム 유니폼	ヨット 요트

한국어의 '라·리·루·레·로' 발음과 비슷합니다. 「る」와 「ろ」는 헷갈리기 쉬우니까 정확히 익히세요. 일본어 동사에는 「る」로 끝나는 단어들이 많답니다.

track-11

ら [ra]	り [ri]	る [ru]	れ [re]	ろ [ro]
とら 호랑이	りんご 사과	さる 원숭이	れいぞうこ 냉장고	くろ 검정

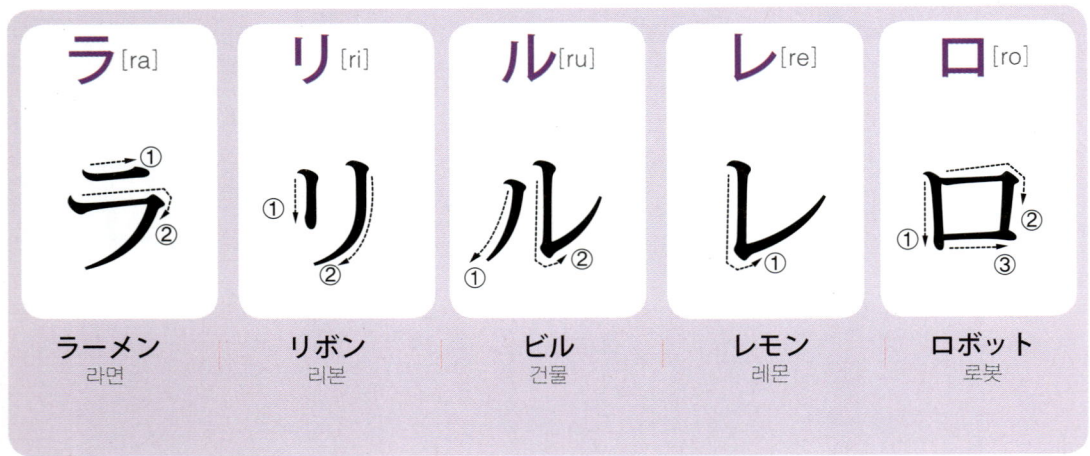

ラ [ra]	リ [ri]	ル [ru]	レ [re]	ロ [ro]
ラーメン 라면	リボン 리본	ビル 건물	レモン 레몬	ロボット 로봇

「わ」行 「ワ」행

발음은 한국어의 '와·오'와 비슷합니다. 「を」는 조사로만 쓰이며, 「あ」행의 「お」와 발음이 같습니다. 카타카나의 「ヲ」는 거의 쓰이는 일이 없고, 발음이 같은 「オ」가 주로 쓰입니다.

track-12

わ [wa]
を [o]

かわ
강

ほんを よむ
책을 읽다

ワ [wa]
ヲ [o]

ワイン
와인

「ん」 「ン」

「ん」은 다른 글자 뒤에서 받침과 같은 역할을 하는데, 콧소리가 납니다. 우리말의 받침과 달라서 반드시 한 박자를 주어 발음해 주어야 합니다. 뒤에 오는 음에 따라 한국어 'ㅁ, ㄴ, ㅇ'에 가깝게 발음됩니다.

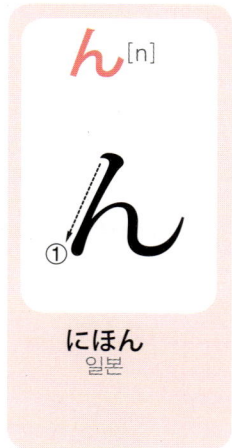

ん [n]

にほん
일본

ン [n]

パン
빵

「ん」의 위치에 따라 이런 발음으로!
「ま·ば·ぱ」행 앞 → 「ㅁ」
「さ·ざ·た·だ·な·ら」행 앞 → 「ㄴ」
「あ·か·が·は·や·わ」행 앞 → 「ㅇ」
단어 끝 → 「ㅇ」, 「ㄴ」

일본어 문자와 발음 – **탁음**

'탁음'은 글자의 오른쪽 위에 탁점( )이 붙은 것입니다.
탁음은 「か」「さ」「た」「は」 행에서만 나타납니다.

한국어의 '가 · 기 · 구 · 게 · 고', 영어의 「g」 발음과 비슷합니다.

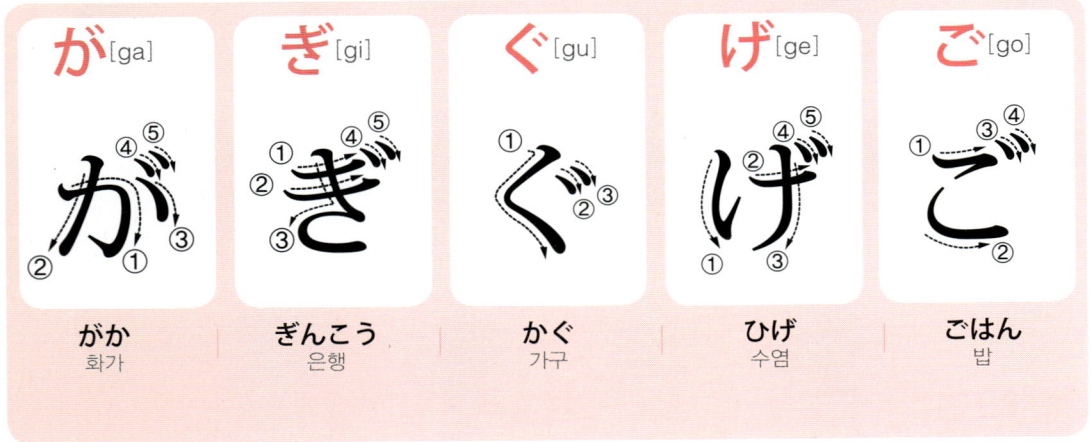
track-13

が [ga]	ぎ [gi]	ぐ [gu]	げ [ge]	ご [go]
がか	ぎんこう	かぐ	ひげ	ごはん
화가	은행	가구	수염	밥

ガ [ga]	ギ [gi]	グ [gu]	ゲ [ge]	ゴ [go]
ガム	ギフト	グラス	ゲーム	ゴルフ
껌	선물	잔	게임	골프

 영어의 「z」 발음으로 한국인들에게는 조금 어려운 발음입니다. 「ず」는 영어로는
발음을 「zu」로 표기하지만, '주'가 아니라 '즈'로 발음해야 합니다.

track-14

ざ[za]	じ[zi]	ず[zu]	ぜ[ze]	ぞ[zo]
ざっし	じてんしゃ	ちず	かぜ	ぞう
잡지	자전거	지도	감기	코키리

ザ[za]	ジ[zi]	ズ[zu]	ゼ[ze]	ゾ[zo]
マザー	ジャズ	ズボン	ゼロ	ゾーン
엄마	재즈	바지	제로, 영	존, 지역

「だ·で·ど」는 영어의 「d」발음이며, 「ぢ·づ」는 「じ·ず」와 발음이 같습니다. 카타카나 「ヂ·ヅ」는 거의 쓰이는 일이 없고, 그 대신에 발음이 같은 「ジ·ズ」가 주로 쓰입니다.

track-15

だ[da]	ぢ[zi]	づ[zu]	で[de]	ど[do]
だいこん	はなぢ	こづつみ	でんしゃ	まど
무	코피	소포	전철	창문

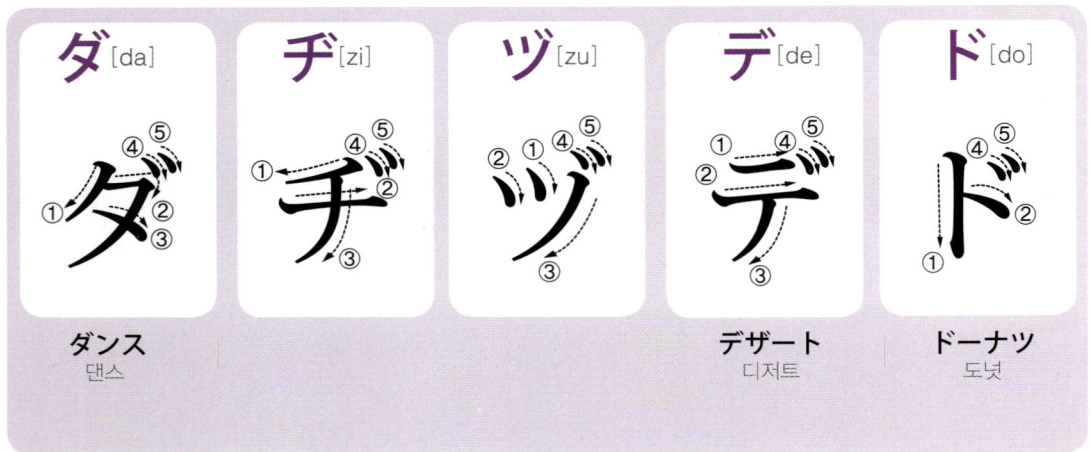

ダ[da]	ヂ[zi]	ヅ[zu]	デ[de]	ド[do]
ダンス			デザート	ドーナツ
댄스			디저트	도넛

 **행** **バ 행**

한국어의 '바 · 비 · 부 · 베 · 보'와 비슷한 발음이지만, 영어의 「**b**」와 같이 목의
성대를 울려서 내는 발음입니다.

track-16

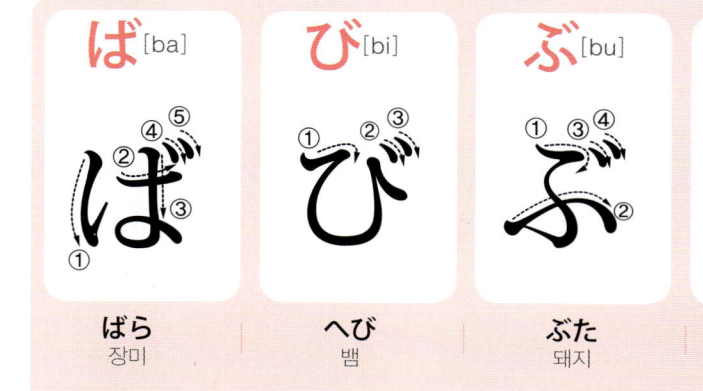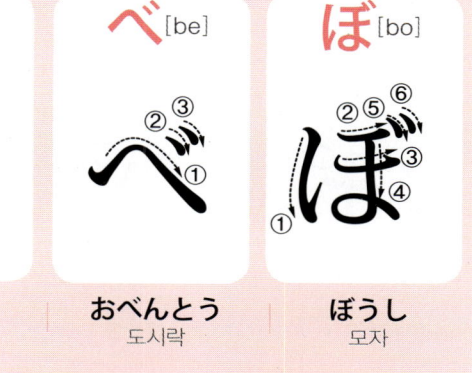

ば[ba]	び[bi]	ぶ[bu]	べ[be]	ぼ[bo]
ばら	へび	ぶた	おべんとう	ぼうし
장미	뱀	돼지	도시락	모자

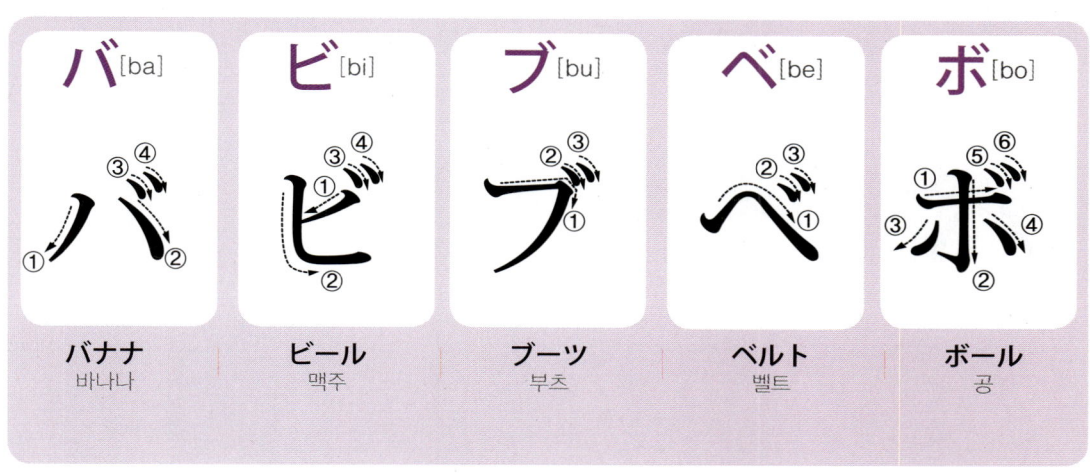

バ[ba]	ビ[bi]	ブ[bu]	ベ[be]	ボ[bo]
バナナ	ビール	ブーツ	ベルト	ボール
바나나	맥주	부츠	벨트	공

일본어 문자와 발음 – **반탁음**

'반탁음'은 글자의 오른쪽 위에 반탁점( )이 붙은 것입니다.
반탁음은 「は」행에서만 나타납니다.

  영어의 「p」발음과 비슷합니다. 한국어의 '파 · 피 · 푸 · 페 · 포'와 '빠 · 삐 · 뿌 · 뻬 · 뽀'의 중간음 정도입니다.

track-17

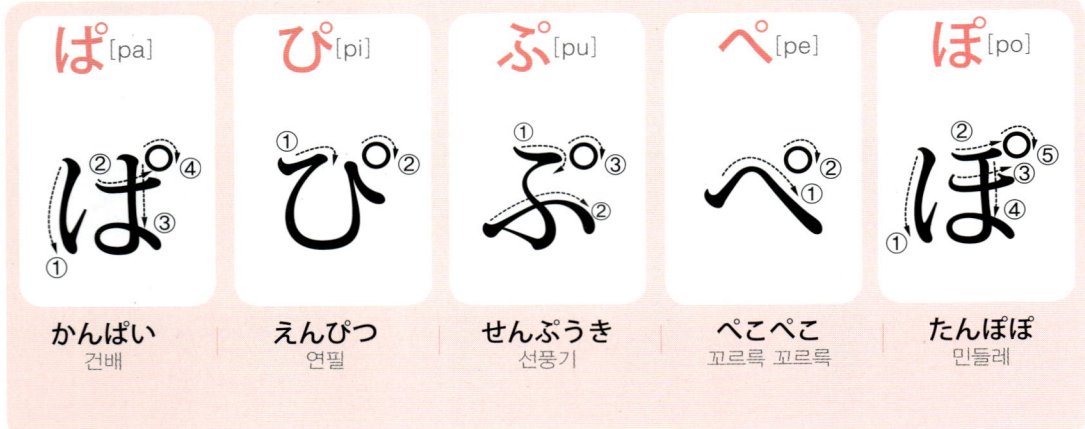

ぱ[pa]	ぴ[pi]	ぷ[pu]	ぺ[pe]	ぽ[po]
ぱ	ぴ	ぷ	ぺ	ぽ
かんぱい	えんぴつ	せんぷうき	ぺこぺこ	たんぽぽ
건배	연필	선풍기	꼬르륵 꼬르륵	민들레

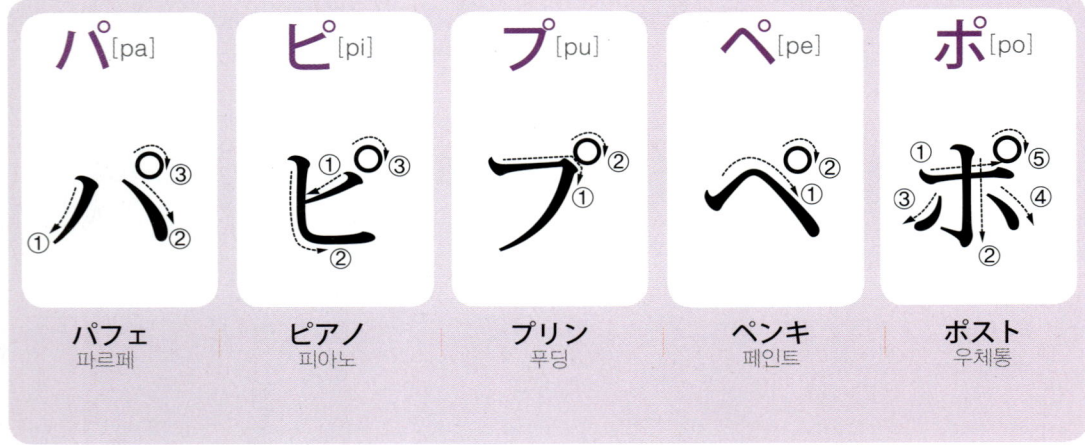

パ[pa]	ピ[pi]	プ[pu]	ぺ[pe]	ポ[po]
パ	ピ	プ	ぺ	ポ
パフェ	ピアノ	プリン	ペンキ	ポスト
파르페	피아노	푸딩	페인트	우체통

일본어 문자와 발음 – **요음**

「き・ぎ・し・じ・ち・に・ひ・び・ぴ・み・り」
뒤에 반모음인 「や・ゆ・よ」를 작게 써서
한 글자처럼 한 박자로 발음되는 것을 요음이라고 합니다.

track-18

きゃ kya	きゅ kyu	きょ kyo	キャ kya	キュ kyu	キョ kyo
ぎゃ gya	ぎゅ gyu	ぎょ gyo	ギャ gya	ギュ gyu	ギョ gyo
しゃ sha	しゅ shu	しょ sho	シャ sha	シュ shu	ショ sho
じゃ ja	じゅ ju	じょ jo	ジャ ja	ジュ ju	ジョ jo
ちゃ cha	ちゅ chu	ちょ cho	チャ cha	チュ chu	チョ cho
にゃ nya	にゅ nyu	にょ nyo	ニャ nya	ニュ nyu	ニョ nyo
ひゃ hya	ひゅ hyu	ひょ hyo	ヒャ hya	ヒュ hyu	ヒョ hyo
びゃ bya	びゅ byu	びょ byo	ビャ bya	ビュ byu	ビョ byo
ぴゃ pya	ぴゅ pyu	ぴょ pyo	ピャ pya	ピュ pyu	ピョ pyo
みゃ mya	みゅ myu	みょ myo	ミャ mya	ミュ myu	ミョ myo
りゃ rya	りゅ ryu	りょ ryo	リャ rya	リュ ryu	リョ ryo

일본어 문자와 발음 – **촉음과 장음, 악센트와 억양**

 촉음은 「つ」를 작게 표시하여, 한국어의 받침 역할을 하는 글자입니다.
장음은 가운데 있는 두 음절이나 세 음절을 한 음절처럼 길게 발음하는 것을 말합니다.

● 촉음 「っ」는 **발음**이 중요합니다. *track-19*

촉음 「っ」는 「か・さ・た・ぱ」행 앞에 쓰입니다. 중요한 것은 앞서 배운 요음과 달라서 반드시 한 박자를 주어 발음한다는 점입니다. 촉음의 발음을 정리하면 다음과 같습니다.

1   'ㄱ'받침이 되는 경우
    ◎ 촉음 「っ」가 「か」행 「か・き・く・け・こ」 앞에 올 때
      ・いっかい 일 층   ・いっき 한숨
      ・がっこう 학교   ・ミュージック 음악

2   'ㅂ'받침이 되는 경우
    ◎ 촉음 「っ」가 「ぱ」행 「ぱ・ぴ・ぷ・ぺ・ぽ」 앞에 올 때
      ・いっぱい 가득   ・いっぴき 한 마리
      ・ケチャップ 케찹   ・しっぽ 꼬리

3   'ㅅ'받침이 되는 경우
    ◎ 촉음 「っ」가 「さ」행 「さ・し・す・せ・そ」, 「た」행 「た・ち・つ・て・と」 앞에 올 때
      ・ざっし 잡지   ・けっせき 결석
      ・おっと 남편   ・スイッチ 스위치

● 장음은 특정한 글자를 **길게 끌어** 발음합니다. *track-20*

   ◎ あ단+あ   ・おかあさん 어머니   ・おばあさん 할머니
   ◎ い단+い   ・おにいさん 오빠, 형   ・おじいさん 할아버지
   ◎ う단+う   ・すうがく 수학   ・ふうせん 풍선
   ◎ え단+え・い ・せんせい 선생님   ・えいが 영화
   ◎ お단+お・う ・こおり 얼음   ・おとうさん 아버지
   ◎ 요음+う   ・きょう 오늘   ・じゅう 열, 10
   ◎ 카타카나의 장음 「ー」를 길게 발음   ・ビール 맥주

일본어에는 고저 악센트가 있으며, 억양에는 ①평탄 ②상승 ③하강 3가지 형이 있습니다.
악센트와 억양에 유의하여 단어를 외우면 자연스러운 일본어를 구사할 수 있습니다.

● 일본어에는 고저 악센트가 있습니다. track-21

일본어에는 고저 악센트가 있습니다. 즉 하나의 단어 속에 높이 발음되는 박과 낮게 발음되는 박이 있다는 말이죠. 높은 박에서 낮은 박으로 내려가는지 아닌지에 따라 악센트의 형은 크게 2가지로 나뉘며, 내려가는 형은 어느 박에서 내려가는지에 따라 다시 3가지로 나뉘어집니다.
표준 악센트에서는 제1박과 2박은 반드시 음의 높이가 다르며, 일단 내려가면 다시 올라가지 않는다는 특징이 있습니다.

[악센트의 모양]

1) 내려가는 곳이 없다. 【　　】　예 にわ(마당)　なまえ(이름)　にほんご(일본어)
2) 어두에서 내려간다. 【　　】　예 ほん(책)　てんき(날씨)　らいげつ(다음달)
3) 어중에서 내려간다. 【　　】　예 たまご(달걀)　ひこうき(비행기)　せんせい(선생님)
4) 어미에서 내려간다. 【　　】　예 くつ(구두)　やすみ(휴일)　おとうと(남동생)

또한 형에 따라 의미가 달라지는 단어가 있는데, 다음과 같은 단어가 그 예입니다.

はし(다리) : はし(젓가락)　いち(일) : いち(위치)

● 일본어 억양(イントネーション)에는 3가지 종류가 있습니다. track-22

억양에는 1)평탄 2)상승 3)하강의 3가지 형이 있습니다. 질문은 상승하고, 그 밖의 문장은 평탄하게 말하는 경우가 많으나, 동의나 실망 등의 감정을 나타낼 때에는 하강하는 경우가 있습니다.

예　なつこ ：あした　友達と　お花見を　します。【→평탄】
　　　　　　　　　　ともだち　　はなみ
　　　　　　(내일 친구와 꽃구경을 갑니다.)

　　　　　　　キムさんも　いっしょに　行きませんか？【↗상승】
　　　　　　　　　　　　　　　　　　　　い
　　　　　　　(밀러 씨도 같이 가지 않겠습니까?)

　　　　キム ：ああ、いいですねえ。【↘하강】
　　　　　　　(아아, 좋지요.)

01 02 03 04 05 06 07 08 09 10

학습 목표

일상생활에서 사용하는 다양한 인사 표현과
자기 소개를 말 할 수 있다

Chapter 01

おはようございます。

単語 단어 체크

- □ **わたし** 나 / 저
- □ **大学生** 대학생
  だいがくせい
- □ **経営学科** 경영학과
  けいえいがっか
- □ **先生** 선생님
  せんせい
- □ **英文科** 영문과
  えいぶん か

- □ **ぼく** 나(남성어)
- □ **学生** 학생
  がくせい
- □ **(お)先に** 먼저
  さき
- □ **失礼** 실례
  しつれい

表現 표현 체크

❶ **はじめまして** 처음 뵙겠습니다

❷ **じゃね（じゃあね）** 자 그럼

❸ **さようなら** 안녕

❹ **どうぞ　よろしく** 잘 부탁 드려요

❺ **よろしく　おねがいします**

　　잘 부탁 드립니다.

❻ **おはようございます**

　　안녕하세요 (아침인사)

❼ **こんにちは** 안녕하세요(낮 인사)

❽ **こんばんは** 안녕하세요(밤 인사)

❾ **また　明日ね** 내일 보자
　　　　あした

❿ **バイバイ** 바이바이(잘 가)

⓫ **○○と　申します** ○○라고 합니다
　　　　　　もう

⓬ **こちらこそ** 저야 말로

① ～は　～です。 ~은(는) ~입니다.

わたし
神田さん
かん だ

は

チェ・ウンピ
大学生
だいがくせい

です。

[A는 B입니다.]의 의미
로 A=B인 경우와 A≠B
의 경우가 있습니다.

② ～の　~의

経営学科
けいえいがっ か
凸凹大学
でこぼこだいがく

の

キム・ウンス
学生
がくせい

です。

③ ～と　申します。 ~라고 합니다.
もう

神田
かん た
パク・ユナ

と　申します。
もう

매일의 인사

❶ おはようございます

❷ こんにちは

❸ こんばんは

おはようございますは
정중한 말투이고 친구
사이의 경우는 일반적
으로 おはよう라고 합
니다.

처음 만남의 인사

❶ はじめまして

❷ どうぞ　よろしく

❸ よろしく　おねがいします

❹ こちらこそ

❺ ○○と　申します
　　　　もう

경우에 따라 おねがい
します는 생략 가능합
니다.

헤어질 때의 인사

❶ お先に　失礼します。
　　さき

❷ またね／また　明日ね
　　　　　　　　あした

❸ じゃね／じゃあね

❹ バイバイ／さようなら

さよなら와 같이 짧게
말하는 경우도 많습니
다.

손위 사람에게

A: 先生、お先に　失礼します。
　　せんせい　さき　　しつれい

B: はい、また　明日。
　　　　　　　あした

친구끼리

A: バイバイ

B: うん、じゃあね

간다 나츠코가 친구들에게 첫 인사를 하는 장면

はじめまして。神田なつこです。
どうぞ　よろしく。

はじめまして。パク・ユナです。
こちらこそ　どうぞ　よろしく。

わたしは　英文科の　チェ・ウンピと　申します。
よろしく。

ぼくは　キム・ウンス。よろしく。

타인소개

みなさん、こちらは　神田なつこさんです。

はじめまして。神田なつこです。
どうぞ　よろしく　おねがいします。

헤어질 때의 인사1

 先生、お先に　失礼します。
せんせい　さき　　しつれい

 はい、また　明日。
あした

헤어질 때의 인사2

 なつこさん、また　明日ね。
あした

 うん、じゃあね。

 バイバイ。

보통체

 こんにちは。わたしは　はるなです。
よろしく　お願いします。
ねが

 はじめまして。ぼくは　ヒョヌ。
よろしくね。

 ヒョヌさんは　学生ですか？
がくせい

 うん。凸凹大学の　学生なんだ。
でこぼこだいがく　　がくせい

1 (　　)안에 적당한 말을 아래 박스에서 골라 써 넣으시오.

　①A：わたし（　　　）チェ・ウンピです。どうぞ（　　　　　　　）。

　　B：ぼく（　　　）キム・ウンス。よろしく。

　②A：（　　　）パク・ユナです。どうぞ（　　　　　　　）。

　　B：ぼく（　　　）経営学科の　キム・ウンスと　申します。よろしく。
　　　　　　　　　けいえいがっか　　　　　　　　　　　　　　　もう

> は　　の　　はじめまして　　よろしく　　こちらこそ

2 다음 대화를 듣고 빈칸에 알맞은 말을 써 넣으시오. track-25

　先生　　みなさん、こちらは　神田なつこさんです。
　せんせい　　　　　　　　　　かんだ

　なつこ　（　　　　　　　　　　）。神田なつこです。（　　　　　　　　）。
　　　　　　　　　　　　　　　　かんだ

　チェ　　わたしは（　　　　　　　　　）の　チェ・ウンピです。よろしく。

　キム　　はじめまして。ぼくは、経営学科の　キム・ミンスです。よろしく。
　　　　　　　　　　　　　　　けいえいがっか

　パク　　わたしは、パク・ユナです。（　　　　　　　　）。

3 자신의 이름을 히라가나, 가타카나와 한자로 적어봅시다.

ひらがな _____

カタカナ _____

漢字 _____

4 다음 표현을 알맞게 연결하시오.

처음 뵙겠습니다 ●   ● どうぞ　よろしく

잘 부탁합니다 ●   ● はじめまして

먼저 실례하겠습니다 ●   ● お先に　失礼します
                                    さき　　　しつれい

1 다음 대화를 듣고 내용과 일치하는 그림에 번호를 써 넣으시오. track-26

①

AM 8:00 ②

③

④

⑤

2 자신이 다니고 있는 대학(회사)와 학과(부서)를 일본어로 어떻게 말하는지 조사한 후 아래와 같이
말해 봅시다.

大学名 _____
だいがくめい

学科名 _____
がっ か めい

会社名 _____
かいしゃめい

部署名 _____
ぶ しょめい

> **예** わたしは　○○大学の　神田なつこです。
> だいがく　　　かん だ

3 선생님과 교실의 친구/회사의 동료에게 자기소개를 해 봅시다.

文化コーナー
문화 코너

おはよう
ございます

おはよう

いってきます

いってらっしゃい

おはよ

おはよう

1*2*

9*

6*

じゃね

またね

おかえり

ただいま

학교 / 회사에서

お先に
失礼します
しつれい

おつかれさん

집에서

おやすみなさい

01 02 03 04 05 06 07 08 09 10

학습 목표

사물이나 방향을 나타내는 지시 표현을
말 할 수 있다

Chapter 02

これは 何ですか？

□ **何** 무엇
　なに

□ **家族** 가족
　か ぞく

□ **写真** 사진
　しゃしん

□ **ノート** 노트

□ **日本語** 일본어
　に ほん ご

□ **本** 책
　ほん

□ **姉** 누나/언니
　あね

□ **妹** 여동생
　いもうと

□ **会社員** 회사원
　かいしゃいん

□ **兄** 형/오빠
　あに

□ **コーヒーショップ** 커피샵

□ **俺** 나
　おれ

□ **えんぴつ** 연필

□ **いす** 의자

□ **かばん** 가방

□ **新聞** 신문지
　しんぶん

□ **眼鏡** 안경
　めがね

□ **テレビ** 텔레비전

□ **雑誌** 잡지
　ざっ し

❶ **こちらは〜** 이쪽은…

❷ **そうですか** 그렇군요

❸ **じゃあ** 그럼

❹ **〜のは** ~꺼는

① ～は　何ですか？　～은(는) ~입니까?
　　　　なん

これ
それ　　　　は　　　　何ですか？
あれ　　　　　　　　　　なん

보통 일본어에 있어서는
의문 부호「?」를 붙이지
않고 마침표인「。」로 끝
나는 것이 일반적이지만,
본서에서는 초급 학습자
의 이해를 돕기위해 의문
문의 경우「?」부호를 활
용하여 통일하였습니다.

② ～は　～です。～은(는) ~입니다.

これ　　　　　　　　　　ノート
それ　　　　は　　　家族の写真　　　　です。
　　　　　　　　　　　かぞく　しゃしん
あれ　　　　　　　　日本語の本
　　　　　　　　　　に ほん ご　ほん

③ いいえ、～では(じゃ)　ありません。～です。 아니요, ~이(가) 아닙니다. ~입니다.

いいえ、

姉
あね
大学生
だいがくせい
私の
わたし

じゃありません。

妹
いもうと
会社員
かいしゃいん
金さんの
きむ

です。

우리말의 「네」
에 해당하는 일본어의
긍정의 대답은 「はい」인데,
그 밖에 「ええ」, 「うん」도 있다.
부정의 대답 「아니오」는 「いい
え」이고, 「いえ」, 「いや」, 「う
うん」등도 있습니다.

「じゃありま
せん」은 정식적으
로는 「ではありません」
라고 하지만 보통 회화체에
서는 「じゃありません」
라고 할 때가 많습
니다.

④ ～は　～で、～は　～です。 ~은(는) ~(이)고, ~은(는) ~입니다.

兄
これ
わたし

は

会社員
かいしゃいん
iBhone
日本語学科
にほんごがっか

で、

妹
それ
金さん
きむ

は

大学生
だいがくせい
ガラクチー
経営学科
けいえいがっか

です。

48

⑤ 指示詞(지시사) 〈1〉

	こ(이)	そ(그)	あ(저)	ど
事物(사물)	これ	それ	あれ	どれ
	이것	그것	저것	어느 것
方向(방향)	こちら/こっち	そちら/そっち	あちら/あっち	どちら/どっち
	이쪽	그쪽	저쪽	어느 쪽

「これ」「それ」「あれ」는 사물을 가리키며, 「これ」는 말하는 사람의 가까이에 있는 것,

「それ」는 듣는 사람의 가까이에 있는 것, 「あれ」는 말하는 사람과 듣는 사람 양쪽에서 떨어

진 곳에 있는 물건을 가리킨다.

これ　　　　　　　それ　　　　　　　あれ

「こちら」「そちら」「あちら」는 원래 방향을 가리키는 지시사로 「こちら」는 「이쪽」,

「そちら」는 「그쪽」, 「あちら」는 「저쪽」을 가리킨다. 또한 사람을 가리키면서 「こちら」

는 「이쪽 분」, 「そちら」는 「그쪽 분」, 「あちら」는 「저쪽 분」라고도 한다.

＊　コーヒーショップは　あちらです。

＊　こちらは　神田なつこさんです。

track-27

커피숍에서 김은수가 나츠코의 사진을 보고 있는 장면

なつこさん。これは 何_{なん}ですか？

それは 家族_{かぞく}の 写真_{しゃしん}です。

こちらは お姉_{ねえ}さんですか？

いいえ、姉_{あね}じゃありません。妹_{いもうと}です。

そうですか。じゃあ、こちらは？

これは 兄_{あに}です。

兄_{あに}は 会社員_{かいしゃいん}で、妹_{いもうと}は 大学生_{だいがくせい}です。

교실에서

これは　キムさんの　ケイタイですか？

いいえ、それは　私のじゃありません。
わたし
パクさんのです。

パクさんの　ケイタイは　iBhoneですね。

はい。パクさんの　ケイタイは　iBhoneで、
ぼくのは　ガラクチーです。

보통체

これ、ウンスくんの　ケイタイ？

ううん、それは　俺のじゃないよ。ユナの。
おれ

ユナちゃんの　ケイタイは　iBhone なんだね。

うん。ユナの　ケイタイは　iBhone で、
俺のは　ガラクチーなんだ。
おれ

1 (   )안에 적당한 말을 아래 박스에서 골라 써 넣으시오.

① A：ユナさん。(   ) 何ですか？
　　　　　　　　　　　　　　　　なん

　　B：それは、家族写真です。
　　　　　　　　か ぞくしゃしん

② A：これは　なつこさん(   ) ケイタイですか？

　　B：いいえ、(   ) 私の　(   )。
　　　　　　　　　　　　　　　わたし

> の　　に　　これは　　それは　　です　　じゃありません

2 다음 대화를 듣고 빈칸에 알맞은 말을 써 넣으시오.　track-29

　A：(   ) 妹 さんですか？
　　　　　　　　　　　いもうと

　B：いいえ、妹 (   )。姉です。
　　　　　　　　いもうと　　　　　　　あね

　A：(   )?　じゃあ、こちらは？

　B：(   ) 兄です。
　　　　　　　　　　　　あに

　　兄は　大学生(   )、姉は　会社員です。
　　あに　だいがくせい　　　　　　あね　　かいしゃいん

3 다음 문장을 일본어로 고쳐 쓰시오.

① 이것은 무엇입니까?

→ _____。

② 아니오, 형이 아닙니다.

→ _____。

③ 그것은 가족사진입니다.

→ _____。

4 다음에 제시된 정보를 이용해 문장을 완성하시오.

① A：パクさんの　ケイタイは　何ですか？
   　　　　　　　　　　　　　　　　　なん

    B：私の _____。
   　　わたし

iBhone

② A：なつこさんの　ケイタイは　ガラクチーですか？

    B：いいえ、_____。

ガラクチー

③ A：キムさん、これは　何ですか？
   　　　　　　　　　　　　　なん

    B：これは、_____。

1 다음 대화를 듣고 내용과 일치하는 그림에 번호를 써 넣으시오. track-30

①

iBhone

②

ガラクチー

③

④

⑤

2 <ゲーム> それは　何ですか？

단어 이름 맞추기 게임 ➜➜

1. 5-6명씩 그룹으로 나눈다.

2. 교사는 191페이지의 그림 카드를 사물별로 절취해 나누어 준다.

3. 그룹의 한 명이 카드를 들어 모두에게 「これは　何ですか？ 이것은 무엇입니까?」라고 질문을 한다.
なん

4. 「それは　○○です。 그것은 OO입니다.」라고 정확하게 대답한 사람에게 카드를 준다.

5. 카드를 가장 많이 모은 사람이 우승자가 된다.

文化コーナー
문화 코너

일본의 성씨

　일본에서의 성씨는 우리 나라보다 종류가 훨씬 많다. 그 뿐 아니라 결혼을 하게 되면 남자 성씨로 바꾸는 부부 동성이 일반적이라는 것도 우리 나라와 큰 차이라고 할 수 있다. 종류가 많은 성씨 중에서도 사토(佐藤), 스즈키(鈴木), 다카하시(高橋), 와타나베(渡辺) 타나카(田中)등이 흔하고 읽기도 쉬운 편이다.

　하지만 가끔 읽기 어려운 성씨도 있다. 예를 들어 아래와 같은 특이한 예도 있다.

①月見里　→　달을 볼 때는 산(山)이 없는(無し)편이 더 잘보이겠죠? 그래서 이 성씨는 「月見里」라고 쓰고,「やまなし=산이 없다」라고 읽습니다. 시즈오카에는 「月見里神社(やまなしじんじゃ)」라고 하는 신사도 있답니다.

②小鳥遊　→　「小鳥=작은 새」가 「遊ぶ=놀다」라는 의미로, 작은 새는 약하기 때문에맘 편히 노는 것이　어렵습니다. 하지만「鷹=매」같이 강한 새가 없다면, 작은 새도 안심하고 놀 수 있다는 의미에서 「小鳥遊」는 「たかなし=매가 없다」라고 읽는 답니다.

上・中・下가 사용된 성씨를 읽어보자.

川上 (かわがみ)	川中 (かわなか)	川下 (かわした)
山上 (やまかみ)	山中 (やまなか)	山下 (やました)

川上さん (かわがみ)
川中さん (かわなか)
川下さん (かわした)

小・中・大가 사용된 성씨를 읽어보자.

林 (はやし)	小林 (こばやし)	中林 (なかばやし)	大林 (おおばやし)
森 (もり)	小森 (こもり)	中森 (なかもり)	大森 (おおもり)
池 (いけ)	小池 (こいけ)	中池 (なかいけ)	大池 (おおいけ)

山上さん (やまかみ)
山中さん (やまなか)
山下さん (やました)

　　* 일본인의 성씨 베스트10을 인터넷을 통해 조사해 봅시다!

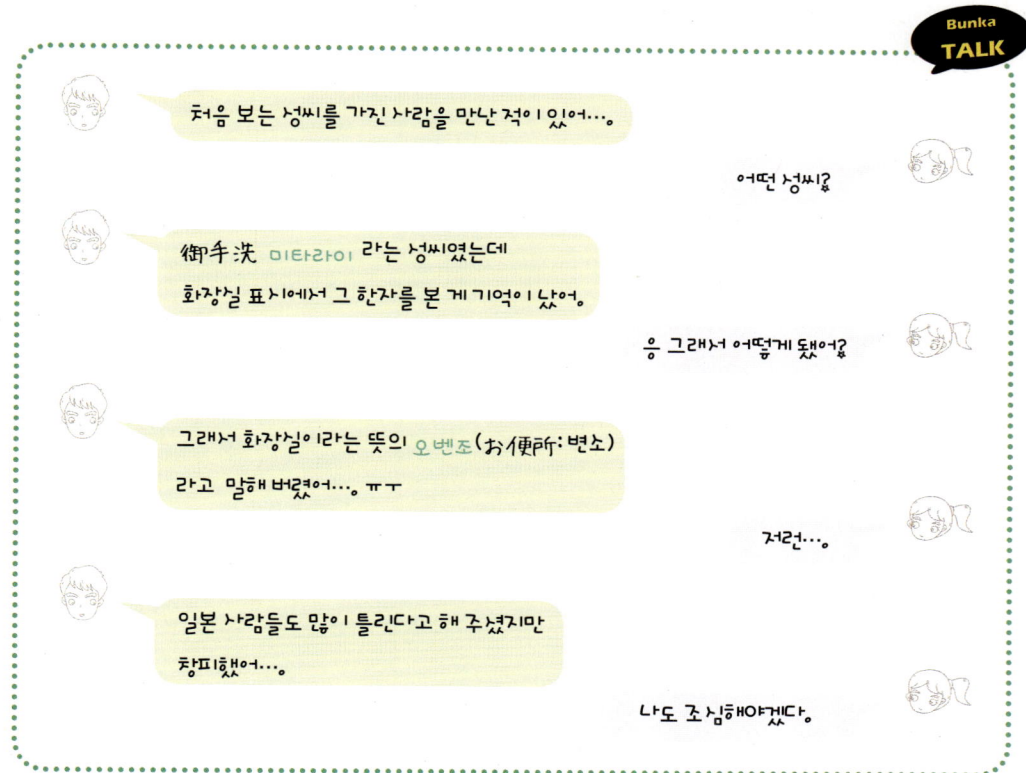

Bunka TALK

처음 보는 성씨를 가진 사람을 만난 적이 있어...。

어떤 성씨?

御手洗 미타라이 라는 성씨였는데 화장실 표시에서 그 한자를 본 게 기억이 났어.

응 그래서 어떻게 됐어?

그래서 화장실이라는 뜻의 오벤조 (お便所: 변소) 라고 말해 버렸어...。ㅠㅠ

저런...。

일본 사람들도 많이 틀린다고 해 주셨지만 창피했어...。

나도 조심해야겠다.

→→

이런 일 저런 일 あんなこと こんなこと

① 東 (あずま): 한국어로 발음하면 「아즈마」인데, 이것이 「アジュマ → 아주머(니)=아줌마」의 발음과 비슷하기 때문에, 그 때부터 한국인 친구가 나를 부르는 별명은 「아주머(니)=アジュマ」가 되었지 뭐야~

② 「出口(でぐち)=출구」라는 성씨를 가진 직장 동료의 결혼식에 갔더니, 결혼 상대의 성씨가 「入口(いりぐち)=입구」였다. 한국에서는 절대 있을 수 없는 일이라 얼마나 재밌었는지 몰라~

01 02 03 04 05 06 07 08 09 10

학습 목표
사람이나 사물의 존재를 나타내는 표현을
말 할 수 있다

Chapter 03

もしもし、今 どこですか？

単語 단어 체크

- ☐ 教室 교실
  きょうしつ
- ☐ 研究室 연구실
  けんきゅうしつ
- ☐ 人 사람
  ひと
- ☐ 学校 학교
  がっこう
- ☐ 公園 공원
  こうえん
- ☐ カフェ 카페
- ☐ 銀行 은행
  ぎんこう
- ☐ ベンチ 벤치
- ☐ 学科 학과
  がっか
- ☐ 中国(語) 중국(어)
  ちゅうごく ご
- ☐ ロシア(語) 러시아(어)
  ご

- ☐ たくさん 많이
- ☐ 博物館 박물관
  はくぶつかん
- ☐ スーパー 슈퍼마켓
- ☐ コンビニ 편의점
- ☐ 前 앞
  まえ
- ☐ 目 눈
  め
- ☐ ホント？ 진짜?
- ☐ 部屋 방
  へや
- ☐ 最近 최근
  さいきん
- ☐ 人気 인기
  にんき
- ☐ 財布 지갑
  さいふ

表現 표현 체크

❶ ～(です)よ。 ~군

❷ そういえば 그러고 보니

❸ へぇ 그렇구나

❹ じゃあ 그럼

❺ もしもし 여보세요

❻ どこに～ 어디에~

❼ いらっしゃいます 계시다

① 〜に 〜が います。 ~에 ~이(가) 있습니다. (사람/동물)

| あそこ 教室 きょうしつ 研究室 けんきゅうしつ | に | 人 ひと 学生 がくせい 先生 せんせい | が います。 |

「います」의 정중한 표현은 「いらっしゃいます」이고 손위 사람한테는 「います」보다 「いらっしゃいます」를 사용한다. 「いらっしゃいます」의 부정형은 「いらっしゃいません」입니다.

② 〜に 〜が あります。 ~에 ~이(가) 있습니다. (사물/식물)

| あそこ 学校 がっこう 公園 こうえん | に | カフェ 銀行 ぎんこう ベンチ | が あります。 |

소유대상인 경우에는 사람에게도 「あります」를 사용할 수 있습니다.
예 : 私には 妹が二人あります。

③ 〜に　〜は　いません。~에 ~은(는) 없습니다. (사람/동물)

| あそこ
教室
きょうしつ
研究室
けんきゅうしつ | に | 人
ひと
学生
がくせい
先生
せんせい | は いません。 |

④ 〜に　〜は　ありません。~에 ~은(는) 없습니다. (사물/식물)

| あそこ
学校
がっこう
公園
こうえん | に | カフェ
銀行
ぎんこう
ベンチ | は ありません。 |

⑤ ～や　～や　～なども　あります。 ~나 ~나 ~등도 있습니다. / ~랑 ~랑 ~등도 있습니다.

| カフェ
iBhone
日本語学科
に ほん ご がっ か | や | 銀行
ぎんこう
ガラクチー
中国語学科
ちゅうごく ご がっ か | や | 博物館
はくぶつかん
アプチマ
ロシア語学科
ご がっ か | なども　あります。 |

⑥ 指示詞(지시사) ⟨2⟩
　し じ し

	こ	そ	あ	ど
場所(장소) ば しょ	ここ	そこ	あそこ	どこ
	여기	거기	저기	어디

「ここ」「そこ」「あそこ」「どこ」는 장소를 가리키는 지시사며, 「ここ」는 말하는 사람이
있는 곳, 「そこ」는 듣는 사람이 있는 곳, 「あそこ」는 말하는 사람과 듣는 사람이 둘이 같이 떨
어진 곳을 가리킨다.

2과에서 제시한
「こちら」「そち
ら」「あちら」는 방향을
기리키는 지시사지만,「ここ」
「そこ」「あそこ」대신에 장
소를 가리킬 경우도 있고, 이
경우 보다 정중한 표현
이 됩니다.

공원 벤치에서

キムさん、あそこに たくさん 人が いますね。

ああ、あそこは 最近 人気の カフェですよ。

そういえば、学校にも カフェが ありますね。

ええ。学校には カフェや 銀行や 博物館なども ありますよ。

へぇ。なんでも ありますね。

じゃあ、スーパーも ありますか?

学校に スーパーは ありません。

でも、コンビニが あります。

나츠코와 유나가 핸드폰으로 통화하는 장면

もしもし。なつこさん。今、どこに いますか？

イ先生の 研究室の 前です。

えっ？ イ先生は 私の 目の 前に

いらっしゃいますよ。

じゃあ、イ先生は、今、部屋に

いらっしゃいませんね。

보통체

もしもし。なっちゃん。今、どこ？

イ先生の 研究室の 前。

えっ？ イ先生は 私の 目の 前に いるよ。

ホント？

じゃあ、イ先生は、今、部屋に いないんだね。

1 (   )안에 적당한 말을 아래 박스에서 골라 써 넣으시오.

① A：なつこさん、あそこに（   ）人<small>ひと</small>が　（   ）。

B：ああ、あそこは　最近<small>さいきん</small>　人気<small>にんき</small>の　カフェですよ。

② A：じゃあ、スーパー（   ）ありますか？

B：学校<small>がっこう</small>に　スーパー（   ）（   ）。

> たくさん　　ありません　　いますね　　は　　に　　も

2 다음 대화를 듣고 빈칸에 알맞은 말을 써 넣으시오.　track-33

A：（   ）。キムさん。今<small>いま</small>、どこに（   ）？

B：イ先生<small>せんせい</small>の　研究室<small>けんきゅうしつ</small>の（   ）。

A：えっ？　イ先生<small>せんせい</small>は　私<small>わたし</small>の　目<small>め</small>の　前<small>まえ</small>に（   ）。

B：じゃあ、イ先生<small>せんせい</small>は、今<small>いま</small>、部屋<small>へや</small>に（   ）。

3 다음 문장을 일본어로 고쳐 쓰시오.

① 저기에 많은 사람이 있네요.

→ _____。

② 그러면 슈퍼도 있습니까?

→ _____。

③ 이 선생님은 내 눈 앞에 계세요.

→ _____。

4 다음에 제시된 정보를 이용해 문장을 완성하시오.

① A：学校にも　カフェが　ありますね。
　　がっこう
　 B：ええ。学校には _____。
　　　　　 がっこう

② A：じゃあ、スーパーもありますか？

　 B：_____。

③ A：これは　家族の　写真ですか？
　　　　　　 か ぞく　　 しゃしん
　 B：はい、_____。

1 다음 대화를 듣고 내용과 일치하는 그림에 번호를 써 넣으시오. track-34

①

②

③

④

2 <ゲーム> どこに　ありますか？

어디에 있습니까? →→

※부록의 193페이지의 그림 카드 이용.

※교사는 게임 시작 전에 그림시트에 제시된 사물과 [위][아래][옆] 등을 일본어로 어떻게 말하는지
  확인한다.

다음과 같은 방법으로 게임을 통해 커뮤니케이션 스킬을 키워봅시다.

1.2명씩 짝을 이룬다.

2.교사는 193페이지의 그림시트A, B를 각각 나누어 준다.

3.각자 받은 그림시트의 왼쪽에 있는 물건에 번호를 매긴 후 상대방에게 물어 찾는다.

예 A：さいふは　どこに　ありますか？

   B：ラジオの　横に　あります。

4.찾는 물건의 위치를 알았다면 그곳에 번호를 쓴다.

5.교사는 같이 답을 확인한다.

단어 さいふ・写真・ノート・えんぴつ・いす・かばん・しんぶん・めがね・携帯・ざっし

文化コーナー
문화 코너

노미까이(飲み会)

　　일본 대학생들의 캠퍼스생활을 보자면, 수업(授業) 외에 아르바이트(バイト)와 동아리활동(クラブ活動) 그리고 술자리인 「노미까이(飲み会)」를 빼놓을 수 없다. 신입생 환영회를 비롯한 다양한 노미까이를 통해 한국과는 다른 음주 문화를 살펴볼 수 있는데, 먼저 자작과 첨잔이 가능한 것, 특별한 경우를 제외하고는 술값을 「와리깡(割り勘)」, 즉 더치 페이로 계산한다는 점이다. 더불어 술을 따를 때는 왼손이나 오른손 어느 쪽을 사용해도 무방하나, 다른 종류의 술을 섞어서 마시는 경우는 드물다. 일본어로 건배는 우리 귀에 익숙한 「간빠이(乾杯)」다.

　　그리고 특히 학생들이 하는 노미까이 때는 콜(コール)라는 것이 있다. 누가 마실 때 리듬을 만들어서 노래 같이 말하는 것이다. [ㅇㅇ씨의 멋있는 모습을 보고 싶다!(○○さんのちょっといいとこ見てみたい！ ○○상노 촛토 이이토코 미테미타이)] 등등 다양한 콜이 있다. 하나 외워서 같이 하는 것도 재미 있을 것이다.

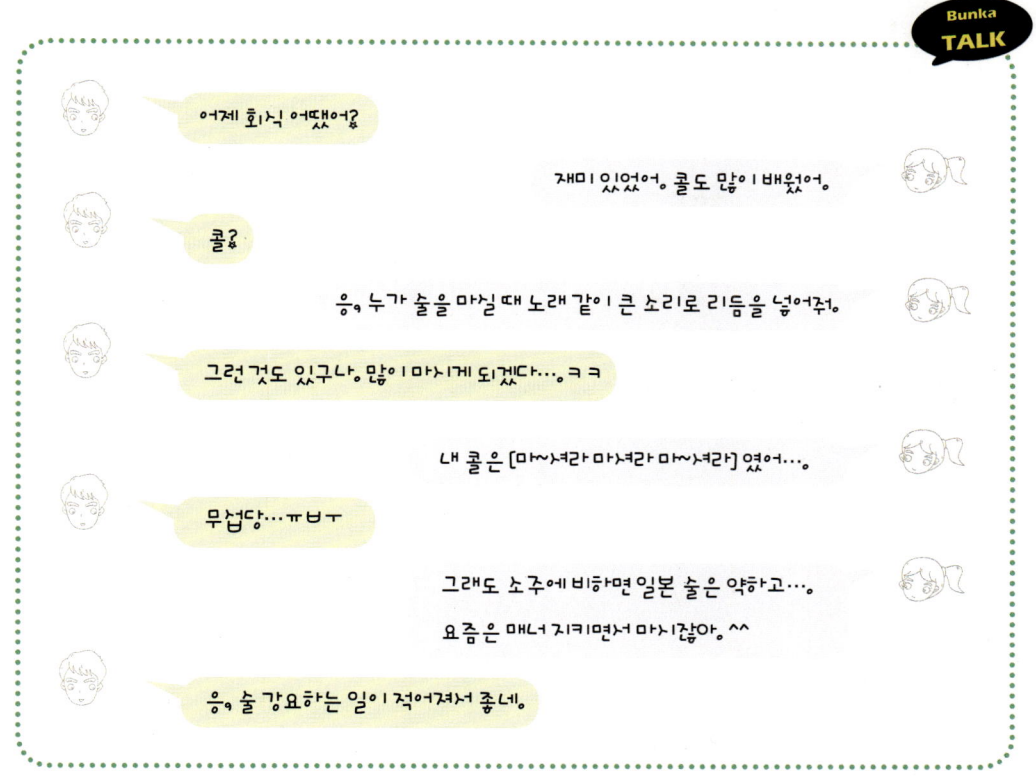

→ →
이런 일 저런 일 あんなこと こんなこと

① 일본에서는 회식이 끝나고 계산할 때, 100엔 단위까지 핸드폰 등으로 정확히 계산하여 나눕니다.
그리고 그것을 「그럼, 각자 ○○엔 씩 내 주세요~」라고 큰 소리리 말하기 때문에 이러한 것이 익숙
하지 않은 한국인에게는 놀라운 광경이겠죠?

② 한국 슈퍼에서 계산을 할 때, 일본에서처럼 액수에 맞추어 동전을 내려고 했는데 생각보다 시간이
많이 걸렸습니다. 제 뒤에는 기다리는 사람들도 많았는데, 그 사람들도 카운터의 직원도 굉장히 싫
은 표정을 하지 뭐예요 @_@;;

01 02 03 04 05 06 07 08 09 10

학습 목표

날짜나 시간, 숫자를 나타내는 표현을
말 할 수 있다

Chapter 04

誕生日は いつですか？

□ 数字 숫자 　すうじ	□ お祭り 축제 　まつ
□ 日にち 날짜 　ひ	□ 韓国 한국 　かんこく
□ 時間 시간 　じかん	□ 子供 어린이 　こども
□ 授業 수업 　じゅぎょう	□ 同じ 같음 　おな
□ 家 집 　いえ	□ ニュース 뉴스
□ ～時 ~시 　じ	□ サッカー 축구
□ ～時半 ~시 반 　じ はん	□ 映画 영화 　えいが
□ 月曜日 월요일 　げつようび	□ 野球 야구 　やきゅう
□ 土曜日 토요일 　どようび	□ フランス語 프랑스어 　ご
□ 誕生日 생일 　たんじょうび	□ ドイツ語 독일어 　ご
□ ひなまつり 히나마츠리	□ 英語 영어 　えいご
□ 女の子 여자 　おんな こ	

❶ あ、そうなんですか 아 그렇군요

❷ また、あとで 나중에

❸ がんばってください

　힘 내주세요 / 열심히 해주세요

❹ ～なんだけど ~인데…

❺ ありがとうございます 감사합니다

❻ 本当に 정말로

文法&文型ポイント 문법&문형 포인트

① 各種助数詞 각종 조수사
かくしゅじょすうし

최근에는 3층과 몇층의 경우 かい로 발음하는 경우가 많습니다.

	数詞(수사)	固有(고유)名詞			人(명)		階(층)		
1	いち	一つ	ひと	つ	1人	ひとり		1階	いっ	かい
2	に	二つ	ふた	つ	2人	ふたり		2階	に	かい
3	さん	三つ	みっ	つ	3人	さん	にん	3階	さん	がい
4	し/よん	四つ	よっ	つ	4人	よ	にん	4階	よん	かい
5	ご	五つ	いつ	つ	5人	ご	にん	5階	ご	かい
6	ろく	六つ	むっ	つ	6人	ろく	にん	6階	ろっ	かい
7	しち/なな	七つ	なな	つ	7人	しち	にん	7階	なな	かい
8	はち	八つ	やっ	つ	8人	はち	にん	8階	はっ	かい
9	きゅう/く	九つ	ここの	つ	9人	きゅう	にん	9階	きゅう	かい
10	じゅう	十	とお		10人	じゅう	にん	10階	じゅっ	かい
何	いくつ		いく	つ	何人	なん	にん	何階	なん	がい

 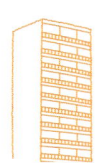

	個(개)			本(자루)			枚(장)			匹(마리)		
1	1個	いっ	こ	1本	いっ	ぽん	1枚	いち	まい	1匹	いっ	ぴき
2	2個	に	こ	2本	に	ほん	2枚	に	まい	2匹	に	ひき
3	3個	さん	こ	3本	さん	ぼん	3枚	さん	まい	3匹	さん	びき
4	4個	よん	こ	4本	よん	ほん	4枚	よん	まい	4匹	よん	ひき
5	5個	ご	こ	5本	ご	ほん	5枚	ご	まい	5匹	ご	ひき
6	6個	ろっ	こ	6本	ろっ	ぽん	6枚	ろく	まい	6匹	ろっ	ぴき
7	7個	なな	こ	7本	なな	ほん	7枚	なな	まい	7匹	なな	ひき
8	8個	はち	こ	8本	はち	ほん	8枚	はち	まい	8匹	はっ	ぴき
9	9個	きゅう	こ	9本	きゅう	ほん	9枚	きゅう	まい	9匹	きゅう	ひき
10	10個	じゅっ	こ	10本	じゅっ	ぽん	10枚	じゅう	まい	10匹	じゅっ	ぴき
何	何個	なん	こ	何本	なん	ぼん	何枚	なん	まい	何匹	なん	びき

② 数字 ・ 日にち ・ 時間 숫자 · 날짜 · 시간
すうじ ひ じかん

数字 숫자
すうじ

11	12	13	14	15	16	17	18	19	20
じゅういち	じゅうに	じゅうさん	じゅうよん/し	じゅうご	じゅうろく	じゅうしち/なな	じゅうはち	じゅうく/きゅう	にじゅう
21	22	23	24	25	26	27	28	29	30
にじゅういち	にじゅうに	にじゅうさん	にじゅうよん/し	にじゅうご	にじゅうろく	にじゅうしち/なな	にじゅうはち	にじゅうく/きゅう	さんじゅう
31	32	33	34	35	36	37	38	39	40
さんじゅういち・	さんじゅうに	さんじゅうさん	さんじゅうよん/し	さんじゅうご	さんじゅうろく	さんじゅうしち/なな	さんじゅうはち	さんじゅうく/きゅう	よんじゅう

日にち 날짜
ひ

sun	mon	tue	wed	thu	fri	sat
1 ついたち	2 ふつか	3 みっか	4 よっか	5 いつか	6 むいか	7 なのか
8 ようか	9 ここのか	10 とおか	11 じゅういちにち	12 じゅうににち	13 じゅうさんにち	14 じゅうよっか
15 じゅうごにち	16 じゅうろくにち	17 じゅうしちにち	18 じゅうはちにち	19 じゅうくにち	20 はつか	21 にじゅういちにち
22 にじゅうににち	23 にじゅうさんにち	24 にじゅうよっか	25 にじゅうごにち	26 にじゅうろくにち	27 にじゅうしちにち	28 にじゅうはちにち
29 にじゅうくにち	30 さんじゅうにち	31 さんじゅういちにち				

時間 시간
じかん

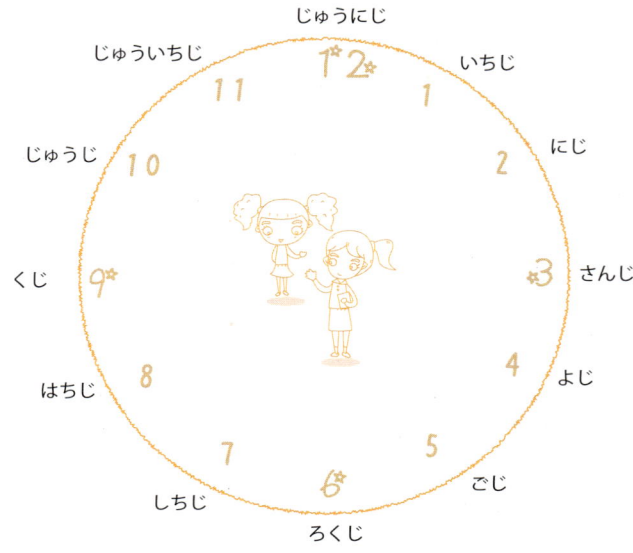

じゅうにじ
じゅういちじ
いちじ
にじ
じゅうじ
さんじ
くじ
よじ
はちじ
ごじ
しちじ
ろくじ

③ ～から　～まで　~에서 ~까지

(시간의 시작과 끝을 나타내거나, 거리의 출발점과 종점을 나타내는 표현입니다.)

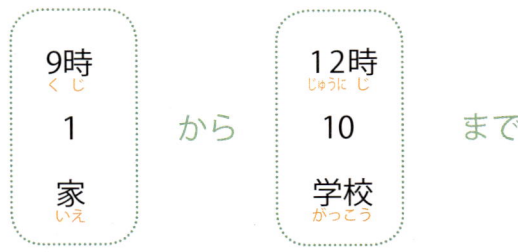

| 9時
くじ
1
家
いえ | から | 12時
じゅうにじ
10
学校
がっこう | まで |

④ ～は　～から　～まです。 ~은(는) ~부터 ~까지입니다.

| 日本語の授業
にほんご　じゅぎょう
銀行
ぎんこう
博物館
はくぶつかん | は | 9時
くじ
9時半
くじはん
月曜日
げつようび | から | 12時
じゅうにじ
4時半
よじはん
土曜日
どようび | までです。 |

김은수와 나츠코가 학교 식당에서 식사를 하며 대화하는 장면

なつこさん。誕生日(たんじょうび)は いつですか？

私(わたし)の 誕生日(たんじょうび)は 3月3日(さんがつみっか)です。3月3日(さんがつみっか)は ひなまつりで、女(おんな)の子(こ)の お祭(まつ)りです。

私(わたし)は 5月5日(ごがついつか)です。韓国(かんこく)の 子供(こども)の 日(ひ)です。

日本(にほん)も 5月5日(ごがついつか)は 子供(こども)の 日(ひ)ですよ。

あ、そうなんですか。同(おな)じですね。

학교 식당에서

ユナさん、日本語の 授業は 何時からですか？

9時からです。

何時間ですか？

3時間です。

じゃあ、１２時まで ですね。また あとで。

がんばってください。

보통체

ユナちゃん、日本語の 授業は 何時から？

9時からだよ。

何時間？

3時間。

じゃあ、１２時までだね。また あとでね。

がんばってね。

1 (　　　)안에 적당한 말을 아래 박스에서 골라 써 넣으시오.

①　A：なつこさん。誕生日は　（　　　　　）。

　　B：私の　誕生日は　6月　25日です。

②　A：ユナさん、日本語の　授業は　（　　　　　）ですか？

　　B：9時（　　　　）です。

どこですか　　　いつですか　　何時から　　何時まで　　　から

2 다음 대화를 듣고 빈칸에 알맞은 말을 써 넣으시오.　track-37

A：私の　誕生日は（　　　　　　　　　　）です。

B：あ、そうですか。韓国の（　　　　　　　）です。

A：本当に？日本も（　　　　　　　　）です。

B：あ、そうなんですか。じゃあ、（　　　　　　）は？

3 다음 문장을 일본어로 고쳐 쓰시오.

① 생일은 언제입니까?

→ _____ 。

② 수업은 몇시부터 몇시까지 입니까?

→ _____ 。

③ 한국의 어린이날입니다.

→ _____ 。

4 다음에 제시된 정보를 이용해 문장을 완성하시오.

① Ａ : キムさんの _____ 。

　 Ｂ : 3月 8日です。
　　　　さんがつ ようか

② Ａ : 授業は _____ 。
　　　　じゅぎょう

　 Ｂ : 6時から　8時までです。
　　　　ろく じ　　　　はち じ

③ Ａ : 先生の _____ 。
　　　　せんせい

　 Ｂ : 1月 3日なんだけど。
　　　　いちがつ みっか

1 다음 대화를 듣고 내용과 일치하는 그림에 번호를 써 넣으시오. track-38

①

②

③

④

2 친구(동료)의 생일을 물어 다음 표를 완성하시오.

> 예 A：イさん、誕生日は　いつですか？
> 　　　　たんじょうび
>
> 　　　B：1月1日です。
> 　　　　いちがつついたち

3 ＜ゲーム＞ 何時から　何時までですか？

몇시부터 몇시까지입니까?

※부록의 (195페이지 – 시트A, B), 197페이지(TV편성표) 그림 카드 이용.

다음과 같은 방법으로 게임을 통해 커뮤니케이션 스킬을 키워봅시다.

1.두 명씩 짝을 이뤄 한 사람은 시트A를 다른 한 사람은 시트B를 갖는다.

2.시트A를 가진 사람은 보고 싶은 TV프로를 골라 다음과 같은 요령으로 질문한다.

> 예 A：ちょっと　すみません。
>
> 　　　B：はい。
>
> 　　　A：ニュースは　何時から　何時までですか？
> 　　　　　　　　　　なんじ　　　　なんじ
>
> 　　　B：（ニュースは）7時から　7時　20分までです。
> 　　　　　　　　　　　　しちじ　　　しちじ　にじゅっぷん
>
> 　　　A：そうですか？ありがとうございます。

수준에 따라 다양한 형태로 응용해서 대화해 봅시다.

> 단어 サッカー・映画・野球・ニュース
> 　　　　　　えいが　やきゅう
>
> 英語・フランス語・ドイツ語・中国語・日本語
> えいご　　　　　ご　　　　　ご　　　ちゅうごくご　にほんご

文化コーナー
문화 코너

기념일과 먹거리

　일본에서는 전통적인 기념일에 즐겨먹는 음식이 있는데, 예를 들면 1월1일에는 떡국인 「오조니 (お雑煮)」를, 주고야(十五夜)에는 「츠키미단고(月見団子)」를, 한 해의 마지막 날인 12월 31일 밤에는 건강과 장수를 기원하며 메밀국수인 「토시코시소바(年越しそば)」를 먹는 지방도 있다.

　12월 25일인 크리스마스에는 후라이드 치킨을 먹는 풍습이 정착하고 있다. 후라이드 치킨은 서양 크리스마스의 상징인 칠면조를 대신하며, 나아가 입시철이 다가오면 「키커 초콜릿」을 선물하는 문화가 유행하기도 한다. 키커 초콜릿은 제품의 영문인 「Kit Kat」이 「반드시 승리한다」의 의미인 일본어 「킷또 카츠(きっと勝つ)」와 발음이 비슷하기 때문이라고 한다.

오조니

츠키미 당고

크리스마스 치킨 광고

킷캇 수험생 응원 광고

＊한국의 「추석」을 흔히 일본의 「お盆」에 비유하지만, 엄밀히 말하자면 「추석」은 일본의 「お盆」과 「月見」를 합한 것이라고 할 수 있다.

연말 어땠어?

 토시코시 소바 먹었어。

 나는 안 먹었어。 그 대신 오토시토리를 했어。

 오토시토리?

 12월 31일에 잔치하며 특별한 음식을 먹는 거。
소바 먹지 않고 그렇게 보내는 지방도 있대。
그리고 일본 떡은 지방마다 모양이 다르대。

어떻게 달라?

도쿄 중심의 칸토(관동) 지방은 네모낳고,
오사카 중심의 칸사이(관서) 지방은 동그래。

그렇구나。 근데 나는 먹을 수 있다면
어떤 모양이라도 상관없어….。

 할말이 없다….。

오세치 요리(설 요리)

토시코시 소바

카가미모치

01 02 03 04 05 06 07 08 09 10

학습 목표

과거 시제를 나타내는 표현을
말 할 수 있다

Chapter 05

週末は 雨でしたね。

□ **週末** 주말
　しゅうまつ

□ **日曜日** 일요일
　にちようび

□ **昨日** 어제
　きのう

□ **雨** 비
　あめ

□ **晴れ** 맑다
　は

□ **勉強会** 스터디
　べんきょうかい

□ **飲み会** 회식
　の　　かい

□ **イベント** 행사

□ **ケイタイ** 휴대폰

□ **建物** 건물
　たてもの

□ **ナイショ** 비밀

□ **曇り** 흐림
　くも

□ **先先週** 지지난 주
　せんせんしゅう

表現 표현 체크

❶ **どんな〜** 어떤~

❷ **だから〜** 그래서~

❸ **えっと** 흠~

❹ **へぇ** 응

❺ **それは　ナイショです** 그건 비밀이에요

❻ **どうでしたか？** 어땠어요?

요일

月曜日	火曜日	水曜日	木曜日	金曜日	土曜日	日曜日
げつようび	かようび	すいようび	もくようび	きんようび	どようび	にちようび
월요일	화요일	수요일	목요일	금요일	토요일	일요일

주 / 월

	先週 せんしゅう	今週 こんしゅう	来週 らいしゅう
주	지난주	이번 주	다음 주
	先月 せんげつ	今月 こんげつ	来月 らいげつ
월	지난달	이번 달	다음 달

① N + でした。 ~였(이었)습니다.

週末
しゅうまつ

日曜日
にちよう び

昨日
きのう

は

雨
あめ

晴れ
は

勉強会
べんきょうかい

でした。

② N + では(じゃ) ありませんでした。 ~가/이 아니었습니다.

昨日
きのう

日曜日
にちよう び

週末
しゅうまつ

は

飲み会
の かい

雨
あめ

晴れ
は

じゃありませんでした。

③ 〜が　ありました。~가(이) 있었습니다.

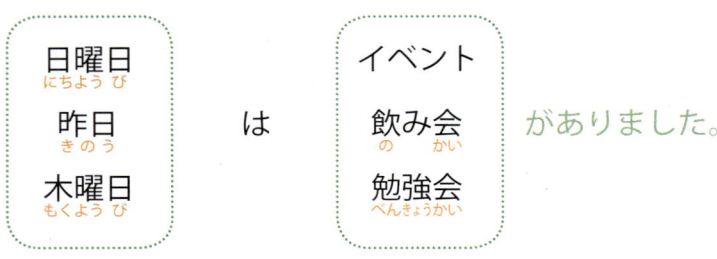

日曜日
にちよう び
昨日
きのう
木曜日
もくよう び

は

イベント
飲み会
の　かい
勉強会
べんきょうかい

がありました。

④ 〜から　〜まででした。~부터 ~까지 였습니다.

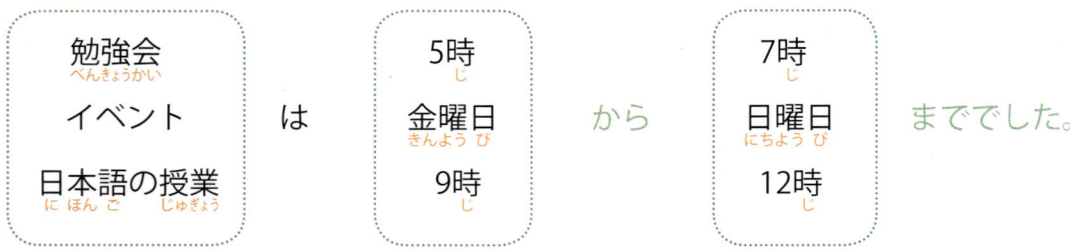

勉強会
べんきょうかい
イベント
日本語の授業
に ほん ご　じゅぎょう

は

5時
じ
金曜日
きんよう び
9時
じ

から

7時
じ
日曜日
にちよう び
12時
じ

まででした。

⑤ 指示詞(지시사)〈3〉

こ	そ	あ	ど
この	その	あの	どの
이	그	저	어느
こんな	そんな	あんな	どんな
이런	그런	저런	어떤

「この」「その」「あの」「どの」「こんな」「そんな」「あんな」「どんな」는 명사
를 수식하는 지시사며, 명사에 이어진다고 하여 연체사라 부른다.

＊この　ケイタイは　パクさんのです。

＊あの　建物は　博物館です。
　　たてもの　　はくぶつかん

＊どんな　イベントですか？

＊なつこさんは　どんな　人ですか？

김은수와 나츠코가 수업 전에 교실에서 이야기 하는 장면

なつこさん。週末は 雨でしたね。
しゅうまつ あめ

はい。だから 家に いました。
いえ

えっと、先先週の 週末の 天気は…。
せんせんしゅう しゅうまつ てんき

土曜日は 雨でしたが、日曜日は 晴れでしたよ。
どようび あめ にちようび は

だから、イベントが ありました。

へぇ、イベント？ どんな イベント？

それは ナイショです。

(쉬는 시간) 교실에서

キムさん、昨日は 飲み会でしたか？

いいえ、飲み会じゃありませんでした。

昨日は 勉強会でした。

勉強会は 何時から 何時まででしたか？

5時から 7時まででした。

보통체

ウンスくん、昨日、飲み会だったの？

ううん、飲み会じゃないよ。

昨日は 勉強会だったんだよ。

勉強会は 何時から 何時まで？

5時から 7時まで。

1 (　　)안에 적당한 말을 아래 박스에서 골라 써 넣으시오.

　①A：キムさん。週末は　雨(　　　　　　)。

　　B：はい。だから　家に　(　　　　　　　　　)。

　②A：なつこさん、昨日は　勉強会　(　　　　　　　)。

　　B：いいえ、勉強会　(　　　　　　　　　)。

　　昨日は　飲み会　(　　　　　　)。

> ですね　　でしたね　　います　　いました
>
> でしたか　　でした　　じゃありませんでした

2 다음 대화를 듣고 빈칸에 알맞은 말을 써 넣으시오.　track-41

　A：ウンスくん、週末は　晴れ(　　　　　　)。

　B：いいえ、土曜日は　雨(　　　)、日曜日は　曇り(　　　　　　)。

　A：じゃ、何か　イベントが　(　　　　　　　)？

　B：いいえ、何も　(　　　　　　)。

3 다음 문장을 일본어로 고쳐 쓰시오.

① 주말의 날씨는 어땠나요?

→ _____。

② 토요일은 맑았지만, 일요일은 비가 왔습니다.

→ _____。

③ 어제는 스터디는 아니었습니다.

→ _____。

4 다음에 제시된 정보를 이용해 문장을 완성하시오.

① A : キムさん、週末の　天気は　どうでしたか？
　　　　　　　しゅうまつ　　てん き

　 B : _____。

② A : なつこさん、月曜日に　何か　イベントが　ありましたか？
　　　　　　　　　げつよう び　　なに

　 B : いいえ、月曜日は　雨で_____。
　　　　　　　げつよう び　　あめ

③ A : ウンスくん、日曜日は　雨でしたか？
　　　　　　　　　にちよう び　　あめ

　 B : いいえ、_____。

1 다음 대화를 듣고 내용과 일치하는 그림에 번호를 써 넣으시오. track-42

①

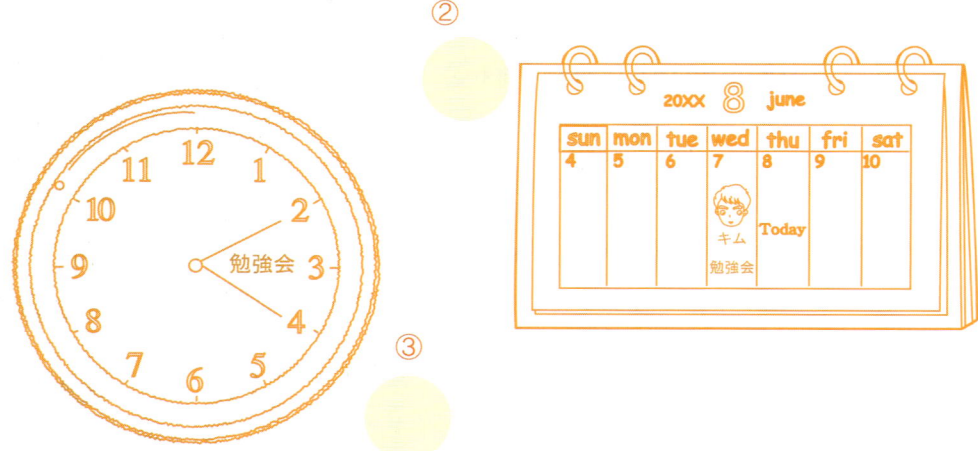

②

③

④

2 지난 일주일 동안의 날씨를 적고 친구와 대화해 봅시다.

예 A : ○○さん、先週の　火曜日の　天気は　どうでしたか？
せんしゅう　　かようび　　てんき

B :

3 지난 일주일의 활동을 적고 친구와 대화해 봅시다.

예 A :

B : 月曜日は　授業でした。
げつようび　しゅぎょう

文化コーナー
문화 코너

테루테루보즈(照る照る坊主)

일본은 우리나라와 같이 봄, 여름, 가을, 겨울의 사계절을 가지고 있는 나라로 여름철에「쓰유(梅雨)」라고 하는 장마기간이 있다는 점도 공통적이다. 일본에는「테루테루보즈(照る照る坊主)」라 불리는 종이 혹은 천으로 만든 흰색 인형을 처마끝에 매달아 두는 풍습이 있다.「테루(照る)」는「해가 비치다」혹은「날이 개다」의 의미이며, 보즈(坊主)는 대머리 스님을 가리키는 속칭이기도 하고, 남자꼬마의 애칭이기도 한다.

「테루테루보즈」는 지금은 남자꼬마 모습이지만 원래는 여자애 이었다 고 도 한다. 인형의 머리를 아래로 향하게 거꾸로 매달면 비가 내리기를 소망한다는 의미라고 하는 지방도 있다. 테루테루보즈 동요노래도 있는데 잘 찾아보면 무서운 가사라는 것도 알 수 있다.

동요「てるてる坊主」가사

てるてる坊主 てる坊主
あした天気に しておくれ
いつかの夢の 空のよに
晴れたら 金の鈴あげよ

てるてる坊主 てる坊主
あした天気に しておくれ
私の願いを 聞いたなら
あまいお酒を たんと飲ましょ

てるてる坊主 てる坊主
あした天気に しておくれ
それでも雲って 泣いてたら
そなたの首を チョンと切るぞ

➜➜ 테루테루보즈 만들기

준비물 헝겊 한 조각(또는 곽티슈 3장), 테이프, 실 약간, 네임펜 1개

만들기

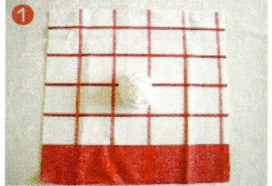

헝겊에 티슈를 적당히 넣고 실로 묶습니다.

머리 뒷부분에서 중앙까지 테이프로 실을 고정시킵니다.

머리 부분에 본인이 그리고 싶은 얼굴을 그려 넣습니다.

지방에 따라 인형의 얼굴을 그리지 않기도 하는데,
이는 얼굴을 그리면 비가 온다는 의미를 나타내기 때문이라고 합니다.

팁 머리가 너무 커지면 매달았을 때 거꾸로 뒤집히기 쉬우므로 주의 필요!

➜➜ 일본 글자로 그림 그려보기

へのへのもへじ

へめへめくつじ

ひひっひひ

05 週末は 雨でしたね。　99

01 02 03 04 05 06 07 08 09 10

학습 목표

사물의 형상이나 감정, 맛 등을
나타내는 표현을 말 할 수 있다

Chapter 06

甘くて おいしいですよ。

□ **かわいい** 귀엽다

□ **幼い** 어리다
　　おさな

□ **おいしい** 맛이 있다

□ **くま** 곰

□ **ケーキ** 케익

□ **小さい** 작다
　　ちい

□ **ひどい** 너무하다

□ **ぬいぐるみ** 인형

□ **甘い** 달다
　　あま

□ **おもしろい** 재미있다

□ **どうぞ** 더 (드세요)

□ **手作り** 수제 / 손으로 만든
　　て づく

□ **味** 맛
　　あじ

□ **うれしい** 기쁘다

□ **まずい** 맛이 없다

□ **からい** 맵다

□ **犬** 개
　　いぬ

□ **猫** 고양이
　　ねこ

□ **机** 책상
　　つくえ

□ **上** 위
　　うえ

❶ **まだまだ〜** 아직~

❷ **じゃあ** 그럼

❸ **〜だなぁ** ~을 걸

❹ **もっと、どうぞ** 더 드세요

102

① い形容詞（基本形）＋です　い형용사(기본형) + (습)니다
けいよう し　き ほんけい

かわいい

幼い
おさな

おいしい

ですね。

ですね。

ですよ。

「ね」는 문말
에 와서 놀람과 감탄
및 자신의 생각 등을 상대
에게 확인할 때 쓰인다.
「よ」는 자신의 생각 및 의사
를 주장하거나 상대방이 모르
는 정보를 알려줄 때 쓰
이는 표현입니다.

② い形容詞（基本形）＋名詞　い형용사(기본형) + 명사
けいよう し　き ほんけい　めい し

小さい
ちい

おいしい

ひどい

くま

ケーキ

人
ひと

ですね。

③ **い形容詞 ＋くて、い形容詞（基本形）** い형용사 + 하고(해서), い형용사(기본형)
けいようし　　　　　　 けいようし　　 き ほんけい

小さ ちい 甘 あま かっこよ	くて、

かわいい。 おいしい。 おもしろい。

④ **い形容詞 ＋くありません。（くないです）** い형용사 + 지 않습니다
けいようし

幼 おさな 大き おお おいし	くありませんよ。 くありません。 くないです。

⑤ **感嘆詞　等** 감탄사 등
かんたん し　 など

わあ　/　わあーすごい！

ほんとう

もっと　どうぞ

どうも

그림으로 익히는 기본 い형용사 33

しろ
白い
(하얗다)

くろ
黒い
(검다)

なが
長い
(길다)

みじか
短い
(짧다)

おお
大きい
(크다)

ちい
小さい
(작다)

おお
多い
(많다)

すく
少ない
(적다)

たか
高い
(높다, 비싸다)

ひく
低い
(낮다)

やす
安い
(싸다)

はや
速い
(빠르다)

おそ
遅い
(느리다)

とお
遠い
(멀다)

ちか
近い
(가깝다)

おも
重い
(무겁다)

かる
軽い
(가볍다)

いい/よい
(좋다)

わる
悪い
(나쁘다)

あつ
暑い
(덥다)

さむ
寒い
(춥다)

つよ
強い
(강하다)

よわ
弱い
(약하다)

ひろ
広い
(넓다)

せま
狭い
(좁다)

あたら
新しい
(새롭다)

ふる
古い
(낡다)

うれ
嬉しい
(기쁘다)

かな
悲しい
(슬프다)

やさしい
(쉽다)

むずか
難しい
(어렵다)

いそが
忙しい
(바쁘다)

おもしろい
(재미있다)

06 甘くて おいしいですよ。 105

김은수와 나츠코가 수업 전에 교실에서 이야기 하는 장면

わぁ、すごーい！これ、かわいいですね。

くまの ぬいぐるみですね。

こっちにも 小(ちい)さい くまの ぬいぐるみが

ありますよ。

わぁ！！小(ちい)さくて、かわいい！！

なつこちゃんは 幼(おさな)いね…。

まだまだ、子供(こども)だなぁ。

え、子供(こども)？ひどーい！T_T

track-44

유나 집에서

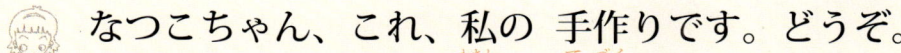

なつこちゃん、これ、私の 手作りです。どうぞ。
わたし　て づく

わぁ、ケーキですね。いただきます。

味は どうですか？
あじ

甘くて、おいしいですよ。
あま

本当ですか？うれしい！
ほんとう

じゃあ、もっと どうぞ。

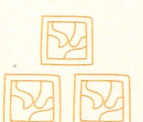

보통체

なつこちゃん、これ、私の 手作りなんだ。どうぞ。
わたし　て づく

わぁ、ケーキ？ いただきます。

味は どう？
あじ

甘くて、おいしいよ。
あま

ホント？ うれしいな！ じゃ、もっと どうぞ。

1 (　　　)안에 적당한 말을 아래 박스에서 골라 써 넣으시오.

　① A : わあ、すごーい！これ、(　　　　　　　　　　　　)。

　　 B : くまの　ぬいぐるみですね。

　② A : 味は　どうですか？

　　　　あじ

　　 B : (　　　　　　　　　　　　)。

かわいいですね　　　　　　　かわいくありませんね

甘くて、おいしいですよ　　　からくて、はやいですよ
あま

2 다음 대화를 듣고 빈칸에 알맞은 말을 써 넣으시오.　track-45

　① A : こっちにも (　　　　　) くまの　ぬいぐるみが (　　　　　　　)。

　　 B : なつこちゃん (　　　　　　　)ね。

　② A : この　ケーキ、甘くて、おいしいですよ。
　　　　　　　　　　　あま

　　 B : 本当ですか？(　　　　　　　　　)。
　　　　ほんとう

3 다음 문장을 일본어로 고쳐 쓰시오.

① 작고 귀엽다.

→ _____。

② 어리지 않아요.

→ _____。

③ 달고 맛있습니다.

→ _____。

4 다음에 제시된 정보를 이용해 문장을 완성하시오.

① A : わあ、すごーい！　これ、かわいいですね。

B : _____。

② A : これ、私の　手作りです。味は　どうですか？

B : _____。

③ A : 机の　上に　なにが　ありますか？

B : _____。

チャレンジ *연습* 문제

1　다음 대화를 듣고 내용과 일치하는 그림에 번호를 써 넣으시오.　track-46

①

②

③

④

2 자신의 방에 있는 사물의 이름을 일본어로 적어본 후「크다 / 작다」와 같이 묘사해 봅시다.

예 私の　部屋には　大きい　机が　あります。
　　わたし　　へや　　　　おお　　　つくえ

3 위의 사물에 대해 묻고 대답해 봅시다.

예 A：○○さんの　部屋には　何が　ありますか？
　　　　　　　　へや　　　なに

B：机と　いすが　あります。
　　つくえ

A：その　机は　大きいですか？
　　　　つくえ　おお

B：はい、大きいです。 ／ いいえ、大きく　ありません。
　　　　おお　　　　　　　　　　　　おお

文化コーナー
문화 코너

고백 방법

　일본에도 연인들 사이에 다양한 기념일과 이벤트가 있는데, 우리나라와 같이 사귄 지 100일째 200일째가 아니라, 일반적으로 사귄 지 1주년, 크리스마스, 생일 등을 기념한다고 한다.

　한편 연인들의 대표적인 기념일로는 2월14일 발렌타인 데이를 들 수 있는데, 이 날 여성이 좋아하는 이성에게 초콜릿을 선사하는 것은 일본에서 생겨난 풍습이다. 하지만 최근에는 연인뿐 아니라 가족이나 직장 동료 등 주위의 지인들에게 초콜릿을 선물로 주는 경우도 적지 않다.

　일본에서는 초콜릿을 주는 상대에 따라 초콜릿의 호칭이 달라지는데, 예를 들면 연인에게 주는 초콜릿은 「혼메이 초코(本命チョコ)」, 가족이나 동료에게 예의상 주는 것은 「기리 초코(義理チョコ)」라고 부른다. 참고로 혼메이(本命)라는 말은 경마에서 비롯된 용어로, 우승 가능성이 높은 말이나 기수를 가리키는 표현이었다고 한다.

　그래서 진심이 담긴 「혼메이 초코(本命チョコ)」는 직접 만들어서 선물하는 비중이 압도겟으로 높다. 그리고 자기 자신에게 수고했다는 의미로 초콜릿을 선물하는 사람도 있다고 한다.

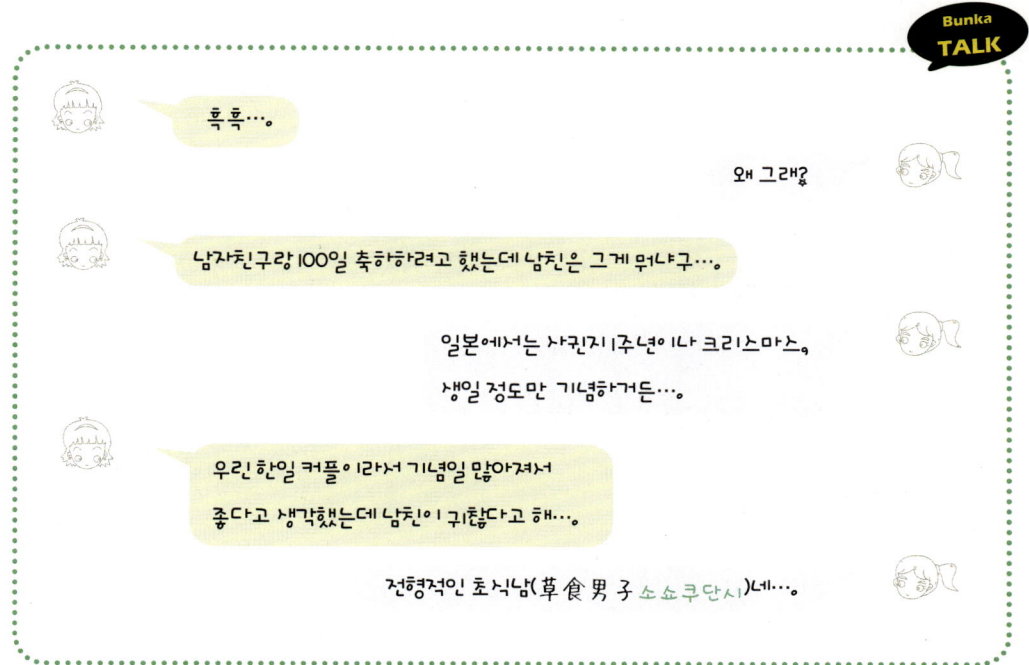

흑흑….

왜 그래?

남자친구랑 100일 축하하려고 했는데 남친은 그게 뭐냐구….

일본에서는 사귄지 1주년이나 크리스마스,
생일 정도만 기념하거든….

우린 한일 커플이라서 기념일 많아져서
좋다고 생각했는데 남친이 귀찮다고 해….

전형적인 초식남(草食男子 소쇼쿠단시)네….

→→
이런 일 저런 일 あんなこと こんなこと

① 일본에서는 졸업하는 날에 좋아하는 사람의 무언가를 가지려고 한다. 그게 뭐냐 하면 바로 단추. 특히 위에서 두번 째 단추(第二ボタン)를 가지려고 여학생들은 열심히 노력한다. 심장에서 제일 가까운 단추는 하나 밖에 없어서 두번 째가 안 된다면 어쩔 수 없이 다른 단추라도 가지려고 해서 인기 있는 학생은 교복에 단추가 하나도 없는 채로 집에 돌아가기도 한다. ハートをつかむ♡

② 교복에 따라서 단추가 아닐 경우도 있다. 단추가 아니라면 넥타이를 받거나 명찰을 받으려고 한다. 반대로 남학생이 좋아하는 여학생에게서 스카프나 넥타이, 혹은 명찰을 받고 싶어 한다. 그 때 처음으로 좋아했었다는 걸 알게 돼서 커플이 되는 학생도 있다.
졸업식에서 생기는 로맨스♡

01 02 03 04 05 06 07 08 09 10

학습 목표
선택을 나타내는 표현을
말 할 수 있다

Chapter 07

何が 好きですか？

□ がんこだ 완고하다 / 끈질기다

□ 負けず嫌いだ 승부욕이 강하다 /
　ま　　ぎら　　　　지는 것을 싫어하다

□ 好きだ 좋아하다
　す

□ ラーメン 라면

□ 静かだ 조용하다
　しず

□ きれいだ 깨끗하다 / 아름답다

□ 性格 성격
　せいかく

□ 食べ物 음식
　た　もの

□ 勝ち気だ 기가 세다
　か　き

□ 楽しい 즐겁다
　たの

□ にぎやかだ 번화하다

□ 場所 장소
　ばしょ

□ うどん 우동

□ そば 메밀 국수

□ むずかしい 어렵다

□ 上手だ 능숙하다
　じょうず

□ 麺 면
　めん

□ 韓国料理 한국요리
　かんこくりょうり

□ スポーツ 운동 / 스포츠

□ 得意だ 자신있다 / 잘하다
　とくい

□ 一番 제일
　いちばん

□ 意外だ 의외다 / 뜻밖이다
　いがい

□ トックポキ 떡볶이

□ ビビンバ 비빔밥

□ プルコギ 불고기

❶ うーん。 흠…

❷ そうですねえ 그런가요…

❸ そんな！ 설마!

❹ 〜だな ~지

❺ どれ 어느

① **な形容詞 + です**   な형용사 + (합)니다
　けいようし

なつこちゃんは

パクさんは

わたしは　ラーメンが

| がんこ |
| 負けず嫌い |
|　　ま　　ぎら |
| 好き |
|　　す |

です。

② **な形容詞 + 名詞**   な형용사 + 명사
　けいようし　　めいし

| 静か |
|　しず |
| 好き |
|　す |
| きれい |

な

| 性格 |
|　せいかく |
| 食べ物 |
|　た　　もの |
| 部屋 |
|　へ　や |

③ な形容詞 + で　な형용사 + 하고/해서
　けいようし

がんこ		勝ち気
きれい	で、	楽しい人
有名		にぎやかな場所

④ な形容詞 + では（じゃ）ありません。　な형용사 + ~(하)지 않습니다
　けいようし

学校は		静か	
わたしは		がんこ	じゃありません。
うどんは		好き	

118

⑤ ～と　～と　どちら（の方）が　～ですか？　~와(과) ~중 어느 쪽이 ~(합)니까?

| うどん
日本語（にほんご）
サッカー | と | そば
英語（えいご）
野球（やきゅう） | と　どちらが | 好き（す）
難しい（むずか）
上手（じょうず） | ですか？ |

「どちら」는 두 가지 중 어느 쪽을, 「どれ」는 세 가지 이상 중에 어느 것을 좋아 하나 등의 뜻으로 쓰입니다.

⑥ ～（の中）で　何が　一番　～ですか？　~(중)에서 무엇이(을) 가장 ~합니까？
　　　　（なか）　　（なに）（いちばん）

| 麺（めん）
スポーツ
韓国料理（かんこくりょうり） | の　中で（なか）　何が（なに）　一番（いちばん） | 好き（す）
得意（とくい）
おいしい | ですか？ |

「何が一番」의「一番」은「제일 가장」의 뜻으로, 세 가지 이상을 비교할 때 최상급에 해당한다. 또한「何が一番」의「何が」이외에도「いつが：언제가」「どこが：어디가」「どれが：어느 것이」「だれが：누가」등도 쓰입니다.

07 何が 好きですか？　119

그림으로 익히는 **기본 な형용사 33**

きれいだ
(예쁘다, 깨끗하다)

しずかだ
(조용하다)

好きだ
(좋아하다)

きらいだ
(싫어하다)

にぎやかだ
(번화하다)

すてきだ
(멋지다)

まじめだ
(성실하다)

ひまだ
(한가하다)

元気だ
(건강하다, 활기차다)

はでだ
(화려하다)

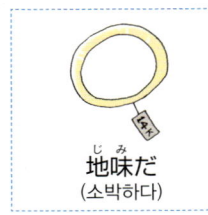
地味だ
(소박하다)

簡単だ
(간단하다)

複雑だ
(복잡하다)

便利だ
(편리하다)

不便だ
(불편하다)

朗らかだ
(명랑하다)

親切だ
(친절하다)

楽だ
(편하다)

上手だ
(능숙하다, 잘하다)

下手だ
(서툴다, 못하다)

だめだ
(안 된다)

大事だ
(소중하다)

大切だ
(중요하다)

大変だ
(힘들다)

同じだ
(같다)

得意だ
(자신있다, 잘하다)

苦手だ
(자신없다, 못하다)

幸せだ
(행복하다)

重要だ
(중요하다)

丈夫だ
(튼튼하다)

退屈だ
(지루하다)

ハンサムだ
(핸섬하다)

穏やかだ
(온화하다)

track-47

이현우, 김은수, 박유나가 술자리에서 이야기 하는 장면

なつこちゃんは、どんな 性格（せいかく）ですか？

うーん、そうですね。静（しず）かな 性格（せいかく）です。

いいえ、がんこですよ。がんこで 勝（か）ち気（き）です。

意外（いがい）ですね。がんこですか？

パクさんと 同（おな）じですよ。

え、そんな！ 私（わたし）は がんこじゃありませんよ。

でも、負（ま）けず嫌（ぎら）いです。

음식 코너에서

　キムさん、うどんと そばと どちらが

　好きですか?

　わたしは うどんの 方が 好きです。

　じゃあ、麺の 中で 何が 一番 好きですか?

　うーん、難しいですけど、

　ラーメンが 一番 好きですね。

보통체

　ウンスくん、うどんと そばと どっちが 好き?

　俺は うどんの 方が 好きだな。

　じゃあ、麺の 中で 何が 一番 好き?

　うーん、難しいけど、ラーメンが 一番 好き。

1 (   )안에 적당한 말을 아래 박스에서 골라 써 넣으시오.

① A：キムさんは、（　　　　　　）性格ですか？
せいかく

B：そうですね。（　　　　　　）性格です。
せいかく

② A：なつこさん、うどんと　そばと　どちらが　（　　　　　）ですか？

B：わたしは　そばの　（　　　　）が　（　　　　）です。

どれ	静かに しず	好み この	かた
どんな	静かな しず	好き す	ほう

2 다음 대화를 듣고 빈칸에 알맞은 말을 써 넣으시오. 🎧 track-49

① A：ウンスくんは、静かな　性格ですか？
しず　　　せいかく

B：いいえ、（　　　　）で、（　　　　）な　性格です。
せいかく

② A：キムさんは、ラーメンと　そばと　（　　　　　　　）ですか？

B：そばの　（　　　　　　）です。

3 다음 문장을 일본어로 고쳐 쓰시오.

① 완고한 성격입니다.

→ _____ 。

② 우동과 소바 어느 쪽을 좋아합니까?

→ _____ 。

③ 어떤 과목을 좋아합니까?

→ _____ 。

4 다음에 제시된 정보를 이용해 문장을 완성하시오.

① A：神田さんは　どんな　性格ですか？

B：_____ 。

神田さん
がんこ／勝ち気

② A：キムさんは　うどんと　そばと　どちらが
　　好きですか？

B：_____ 。

キムさん
そば

③ A：パクさんは　麺の　中で　何が　一番
　　好きですか？

B：_____ 。

パクさん
ラーメン

1 다음 대화를 듣고 내용과 일치하는 그림에 번호를 써 넣으시오. track-50

2 아래의 표현을 참고로 각자 자신의 친구 세 명 이상의 성격을 묘사해 봅시다.

예 明るい性格   暗い性格   静かな性格
    あか せいかく   くら せいかく   しず せいかく

    積極的な性格   がんこな   勝ち気   負けず嫌い
    せっきょくてき せいかく   か き   ま ぎら

3 선생님과 교실의 친구/회사의 동료에게 자기소개를 해 봅시다.

예 トッポキ　ビビンパ　ブルゴギ　など...

예 A：○○さんは　ビビンパと　ブルゴギと　どちらが　好きですか？
                                                   す

예 A：○○さんは　食べ物の　中で　何が　一番　好きですか？
              た もの なか なに いちばん す

사람인데 개구리? – 어떤 사람인가? –

 한국에 온 일본 사람이 한국 친구로 부터 "너는 청개구리야…"라는 말을 들었다는데 청개구리는
일본어로는 아마가에루(アマガエル)이다. 일본 친구는 "왜 내가 개구리지…? 내 얼굴이 개구리를
닮았나…"라고 거울을 보면서 잠시 생각했는데 아무리 생각해도 몰라서 다른 사람한테 물어봤다.
일본어로는 아마노자쿠(あまのじゃく)이기 때문에 한국어를 모르는 일본인은 전혀 이해 할 수 없
었던 것이다.

 그리고 「안되다/안좋다」라는 뜻이었던 속어인 야바이(やばい)도 사람을 가리킬 때가 있다. 처음
에는 안 좋은 사람이라는 뜻이었지만 최근에서는 너무 멋있는 사람이라는 뜻으로도 말한다. "그
사람 너무 좋다"라는 뜻으로 「あの人、やばい 아노히토야바이」라고 말하다. 음식이 맛있을 때도 야바
이, 물건이 좋을 때도 야바이, 무언가 실수하고 대책 없을 때도 야바이라고도 하니까 어떤 상황에
서 말하는지 잘 판단해야 한다.

 일본어에서 자주 사용하는 うそ (거짓말)도 원래는 本当 라고 해야 하는 부분에 반대로 사용하고
있는 재미있는 표현이다. 이와 같이 본래의 뜻을 벗어난 표현이 많다.

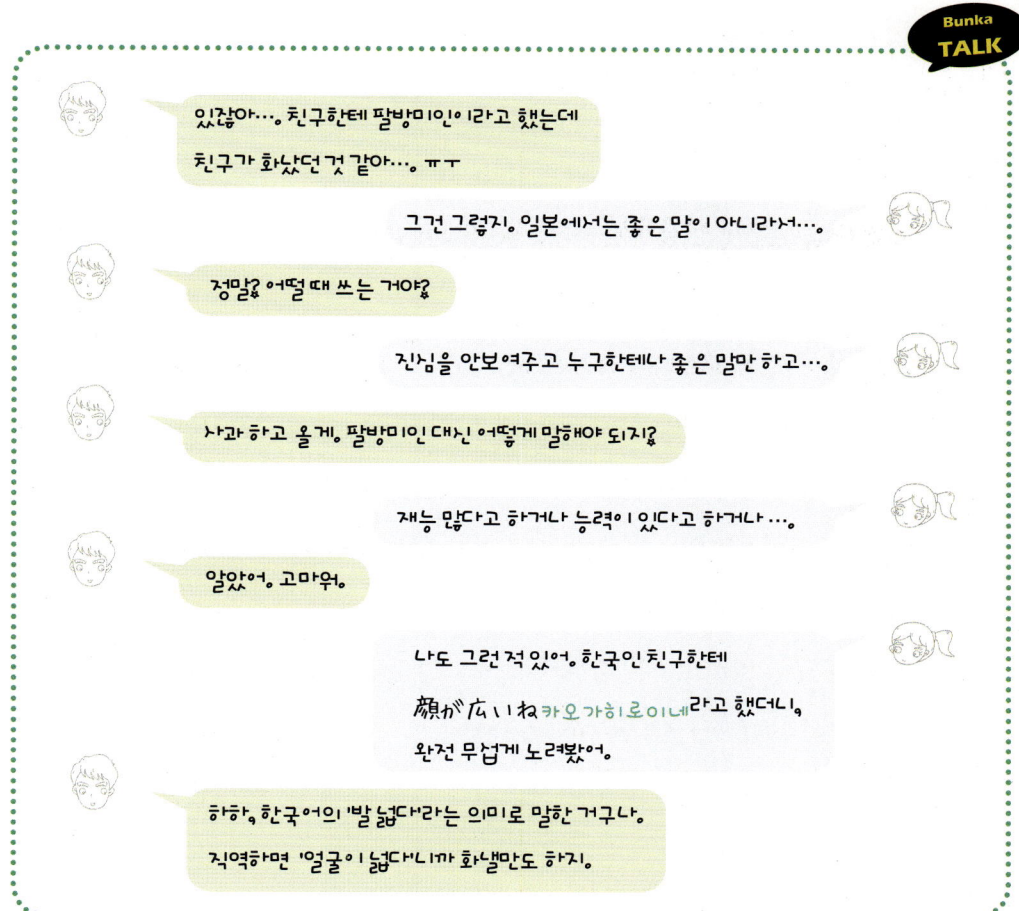

있잖아…. 친구한테 팔방미인이라고 했는데
친구가 화났던것 같아…. ㅠㅠ

그건 그렇지. 일본에서는 좋은 말이 아니라서….

정말? 어떨 때 쓰는 거야?

진심을 안보여주고 누구한테나 좋은 말만 하고….

사과하고 올게. 팔방미인 대신 어떻게 말해야 되지?

재능 많다고 하거나 능력이 있다고 하거나….

알았어. 고마워.

나도 그런 적 있어. 한국인 친구한테
顔が広いね카오가히로이네라고 했더니.
완전 무섭게 노려봤어.

하하. 한국어의 '발 넓다'라는 의미로 말한 거구나.
직역하면 '얼굴이 넓다'니까 화낼만도 하지.

→ →

이런 일 저런 일 あんなこと こんなこと

① 「호떡」을 많이 만들려고, 크기가 큰 반죽을 잔뜩 준비했더니, 아는 사람이 나보고 「손이 크다」고 하지 뭐야? 난 보통 사람보다 손이 작은 편인데?!?!

② 「恋人こいびと=연인」인 여자친구를 소개했는데 한국인 친구가 「愛人=애인(불륜 관계를 뜻함)이야?」라고 물어봐서 얼마나 놀랐는지 몰라~ @_@;;

01 02 03 04 05 06 07 08 09 10

학습 목표

다양한 동작을 나타내는 표현을
말 할 수 있다

Chapter 08

この後、何をしますか？

□ ドラマ 드라마　　　　　　□ 鏡 거울
　　　　　　　　　　　　　　　 かがみ

□ テスト 시험/ 테스트　　　　□ あいさつ 인사

□ 図書館 도서관　　　　　　　□ バス 버스
　 と しょかん

□ 見る 보다　　　　　　　　　□ ラッキー 럭키 / 운이 좋다
　 み

□ する 하다　　　　　　　　　□ 資料 자료
　　　　　　　　　　　　　　　 し りょう

□ 行く 가다　　　　　　　　　□ 動画 동영상
　 い　　　　　　　　　　　　　 どう が

□ リスニング 리스닝　　　　　□ 単語 단어
　　　　　　　　　　　　　　　 たん ご

□ 苦手だ 서투르다 / 잘 하지 못하다　□ レポート 리포트
　 に がて

□ バナナ 바나나　　　　　　　□ やる 하다

□ 猿 원숭이
　 さる

❶ え〜〜 싫어요~~　　　　　　❸ レポートを書きますか 리포트를 써요?

❷ やった。ラッキー 앗싸! 럭키!　❹ レポートは書きません

　　　　　　　　　　　　　　　　 리포트는 안 써요.

① 動詞ます形　　～を　～ます／～に　～ます　～을(를)~(합)니다/~에~(합)니다.
   どうし　　けい

ドラマ	を		見	
テスト	を		し	ます。
図書館	に		行き	
としょかん			い	

❖ 그 밖의 조사
～へ　～ます　～에~(합)니다
～で　～ます　～에서~(합)니다.

② 動詞ます形（否定形）　～は　～ません。～은(는)~하지 않습니다.
   どうし　　けい　　ひ ていけい

ドラマ		見	
リスニングのテスト	は	やり	ません。
レポート		書き	
		か	

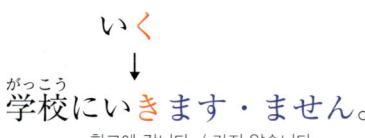

文法&文型ポイント 문법&문형 포인트

① 1그룹 동사의 ます/ません

어미 う단을 い단으로 바꾼 다음,「ます・ません」를 붙이세요.

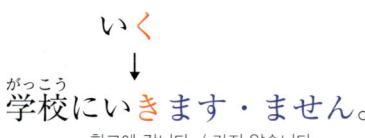

いく
↓
学校にいきます・ません。
학교에 갑니다. / 가지 않습니다.

◼ 「う」・「つ」・「る」로 끝나는 동사

言う (말하다)	買う (사다)	会う (만나다)	習う (배우다)	思う (생각하다)
歌う (노래하다)	打つ (치다, 때리다)	持つ (들다, 가지다)	待つ (기다리다)	入る (돌아가다)
帰る (돌아가(오)다)	ある (있다)	乗る (타다)	終わる (끝나다)	切る (끊다, 자르다)
売る (팔다)	作る (만들다)	座る (앉다)	分る (알다)	走る (달리다)
知る (알다)				

134

2 「ぬ」・「む」・「ぶ」로 끝나는 동사

死ぬ
(죽다)

読む
(읽다)

飲む
(마시다)

休む
(쉬다)

頼む
(부탁하다)

噛む
(씹다)

結ぶ
(묶다, 매다)

遊ぶ
(놀다)

飛ぶ
(날다)

並ぶ
(줄을 서다)

喜ぶ
(기뻐하다)

選ぶ
(고르다)

3 「く」・「ぐ」로 끝나는 동사

書く
(쓰다)

歩く
(걷다)

聞く
(듣다)

開く
(열리다)

働く
(일하다)

泣く
(울다)

脱ぐ
(벗다)

泳ぐ
(수영하다)

4 「す」로 끝나는 동사

話す
(이야기하다)

貸す
(빌리다)

消す
(끄다)

暮らす
(살다)

出す
(내다)

② 2그룹 그룹 동사의 ます / ません

어미 「る」를 떼고, 그대로 「ます」를 붙이세요.

みる
↓
鏡をみます・ません。
거울을 봅니다. / 보지 않습니다.

① [i]る 동사

見る
(보다)

居る
(있다)

起きる
(일어나다)

落ちる
(떨어지다)

降りる
((탈 것 등에서) 내리다)

借りる
(빌리다)

着る
(입다)

② [e]る 동사

食べる
(먹다)

寝る
(자다, 눕다)

出る
(나가(오)다)

教える
(가르치다)

忘れる
(잊다)

見える
(보이다)

見せる
(보게 하다)

上げる
(올리다)

開ける
(열다)

答える
(대답하다)

数える
(세다)

決める
(결정하다)

壊れる
(부서지다, 고장나다)

閉める
(닫다)

入れる
(넣다)

かける
(걸다)

③ 3그룹 동사의 ます/ ません

「くる」와 「する」 달랑 두 개밖에 없으니까, 무조건 외우세요.

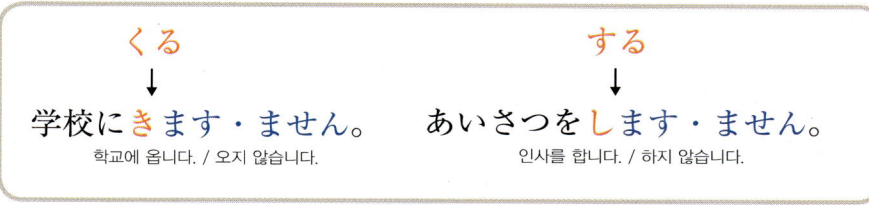

くる
↓
学校に**き**ます・ません。
학교에 옵니다. / 오지 않습니다.

する
↓
あいさつを**し**ます・ません。
인사를 합니다. / 하지 않습니다.

くる
(오다)

する
(하다)

勉強する
(공부하다)

김은수와 선생님이 수업 전에 교실에서 이야기 하는 장면

先生、今日は 授業で ドラマを 見ますか？
せんせい きょう じゅぎょう み

いいえ。今日は、ドラマを 見ません。
きょう み

今日は テストを します。
きょう

え〜〜T_T。何の テストを しますか？
なん

リスニングですか？ 単語ですか？
たんご

単語の テストです。
たんご

リスニングの テストは やりません。

やった。ぼくは リスニングは にがてだから…。

138

（쉬는 시간) 교실에서

キムさん、この後、何を しますか？
あと　なに

わたしは、家で 勉強を します。イさんは？
いえ　べんきょう

わたしは 図書館に 行きます。
としょかん　い

レポートを 書きますか？
か

レポートは 書きません。資料の 動画を 見ます。
か　しりょう　どうが　み

보통체

ウンスくん、この後、何すんの？
あと　なに

俺は、家で 勉強するよ。お前は？
おれ　いえ　べんきょう　まえ

ぼくは 図書館に 行くよ。
としょかん　い

レポート 書くの？
か

レポートは 書かないよ。資料の 動画 見るよ。
か　しりょう　どうが　み

1 ( )안에 적당한 말을 아래 박스에서 골라 써 넣으시오.

① A：先生、今日は　授業で　テストを　（　　　　　　　　）。
せんせい　きょう　じゅぎょう

　　B：いいえ、今日は　テストを　（　　　　　　　　）。
きょう

② A：レポートを　（　　　　　　　　）。

　　B：レポートは　書きません。資料の　動画を　（　　　　　　　　）。
か　　　　　　しりょう　どうが

| します | しません | 書きますか |
| しますか | しましょう | 見ます |

か

み

2 다음 대화를 듣고 빈칸에 알맞은 말을 써 넣으시오.　track-53

① A：私は　家で　（　　　　　　　　）。イさんは？
いえ

　　B：私は　図書館に　（　　　　　　　　）。
としょかん

② A：今日は　授業で　（　　　　　　　　）。
きょう　じゅぎょう

　　B：今日は　（　　　　　　　　）。
きょう

3 다음 문장을 일본어로 고쳐 쓰시오.

① 리스닝 테스트는 하지 않습니다.

  → _____。

② 나는 도서관에 갑니다.

  → _____。

③ 리포트는 쓰지 않습니다. 단어 공부를 합니다.

  → _____。

4 다음에 제시된 정보를 이용해 문장을 완성하시오.

① A：今日の　授業で　何を　しますか？
　　きょう　　　じゅぎょう　　なに

  B：_____。

② A：授業の後、何を　しますか？
　　じゅぎょう　あと　なに

  B：_____。

③ A：図書館で　何を　しますか？
　　としょかん　　なに

  B：_____。

1 다음 대화를 듣고 내용과 일치하는 그림에 번호를 써 넣으시오. track-54

2 ＜ゲーム＞ 二重扉

사물 맞추기 게임 →→ ————————————————————

※교사는 게임 시작 전에 그림시트에 제시된 사물과 [위],[아래],[옆] 등을 일본어로 어떻게
　말하는지 확인한다.
※부록의 199페이지의 그림 카드 이용.

다음과 같은 방법으로 게임을 통해 커뮤니케이션 스킬을 키워봅시다.
1. 그림 시트를 크게 복사해서 칠판에 붙이거나 한 장씩 나누어 준다.
2. 학생을 한 명씩 앞에 나오게 해서 그림 중의 한 사물을 마음속으로 생각하게 한다.
3. 학생들은 그림 시트의 사물을 생각하며 아래의 예와 같이 질문하다.
4. 앞에 나간 학생은 질문에 대해 성실히 대답한다.

예 1. A：それは　歩きますか？　　　　　　　B：はい、歩きます。

　　2. A：話しますか？　　　　　　　　　　B：いいえ、話しません。

　　3. A：それは　バナナを　食べますか？　　B：はい、食べます。

　　4. A：それは　猿ですか？　　　　　　　　B：はい、そうです。

단어 学生、熊、猫、犬、学校、携帯、ケーキ、ラーメン、図書館

文化コーナー
문화 코너

사람과 사람의 거리

일본에서는 한국보다 학생과 선생님의 사이가 가까운 경우가 있다. 한국에서는 선생님에 대해 예의를 지키는 것이 일반적이지만 일본에서는 선생님과 친구 같이 편하게 이야기 하는 경우도 많이 볼 수 있다. 사이가 가까워지면 비공식적인 자리에서는 반말로 이야기 하는 선생님과 학생도 있다. 경우에 따라 다르지만 예의에 대해서 엄격하지 않은 선생님들도 많이 있는 편이다.

사제 관계 뿐만 아니라 한국과 일본에서는 사람 사이의 신체적인 거리도 많이 다르다. 은행 같은 곳에서 줄 서서 기다릴 때 바로 뒤에 사람이 기다리고 있으면 일본에서는 너무 무례한 사람이거나 이상한 사람이라는 오해를 받을 수도 있다. 실제로 떨어져 있는 사람간의 물리적 거리도 한국과 일본이 많이 달라서 주의가 필요하다.

오늘 일본어 수업 휴강(休講)이래.

 어 정말? 그럼 노래방 가자!

 안돼. 나 4교시(4時間目 요지칸메 / 4限 욘겐) 수업 있어.

 그런 거 자체휴강(自主休講 지슈큐-코-)하고 땡땡이(サボる 사보루)치자

 다른 사람과 가. 나 4교시 수업 좋아해.

 그럼 나 대리출석(代返 다이헨)해 줘.

 그런 거만 하고 있으면 F 받아 낙제(落第 라쿠다이)하겠어.

 도서관이라도 가야 겠다….

→ →

이런 일 저런 일 あんなこと こんなこと

① 일본인 학생의 경우 한국인 학생에 비해, 상대적으로 학교 근처에서 자취하는 학생이 많고, 수업 하나가 휴강되거나 하면 그 수업 뒤에 다른 수업이 있어도, 집에 돌아가 쉬며 남는 시간을 보내는 학생이 많습니다.

01 02 03 04 05 06 07 08 09 10

학습 목표

동사를 사용한 과거 시제를
표현 할 수 있다

Chapter 09

休みは 何を しましたか？

- □ みなさん 여러분
- □ 疲れる 피곤하다
  つか
- □ お台場 오다이바 (지명)
  だい ば
- □ ガンダム 건담
- □ プサン 부산
- □ ちょっと 조금
- □ 休み 휴가 / 휴일
  やす
- □ 旅行 여행
  りょこう
- □ 遠い 멀다
  とお

- □ とても 아주 / 대단히
- □ 富士山 후지산
  ふ じ さん
- □ 沖縄 오키나와
  おきなわ
- □ 東京スカイツリー 도쿄스카이트리
  とうきょう
- □ 夏休み 여름방학
  なつやす
- □ 暑い 덥다
  あつ
- □ 大きい 크다
  おお
- □ 北海道 홋카이도(북해도)
  ほっかいどう

❶ お帰りなさい 다녀오셨어요?

❷ あ、～ですよ 아 ~에요

❸ ちょっと～です 조금 ~에요

❹ お疲れ様でした 수고하셨습니다

148

① ～ました。　~(했)습니다.

レポートを	書き _か	
お台場に _{だいば}	行き _い	ました
ガンダムを	見 _み	

② ～でした（名詞／な形容詞）　~(했)습니다 · 였습니다(명사/な형용사)
_{めいし　けいようし}

みなさん	お疲れ様 _{つか　さま}	
お台場は _{だいば}	にぎやか	でした。
昨日は _{きのう}	誕生日 _{たんじょうび}	
週末は _{しゅうまつ}	晴れ _は	

③ ～かったです （い形容詞） ~았(었)습니다 (い형용사)
けいよう し

日本は	暑	かったです。
に ほん	あつ	
ガンダムは	大き	
	おお	
プサンは	遠	
	とお	

「~かった」
는 과거를 나타내기 때
문에 「~です」의 과거형인
「~でした」를 쓰지 않아도
됩니다.

④ 現在形　まとめ　현재형 정리
げんざいけい

現在形 (현재형)	
肯定 (긍정)	否定 (부정)
名詞＋です	名詞＋では（じゃ）ありません
な形容詞＋です	な形容詞＋では（じゃ）　ありません
い形容詞＋です	い形容詞＋く　ありません
動詞＋ます	動詞＋ません

⑤ 過去形　まとめ　　과거형 정리

過去形 (현재형)	
肯定 (긍정)	否定 (부정)
名詞＋でした	名詞＋では（じゃ）ありませんでした
な形容詞＋でした	な形容詞＋では（じゃ）ありませんでした
い形容詞＋かったです	い形容詞＋く　なかったです
動詞＋ました	動詞＋ませんでした

お台場は　　　　静か　　　　じゃありませんでした。

日本は　　　　　暑　　　　　くなかったです。

ガンダムは　　　見　　　　　ませんでした。

김은수와 나츠코가 수업 전에 교실에서 이야기 하는 장면

キムさん、お帰（かえ）りなさい。日本（にほん）は どうでしたか？

暑（あつ）かったです。疲（つか）れましたよ。

お疲（つか）れ様（さま）でした。お台場（だいば）には 行（い）きましたか？

はい、行（い）きました。すごく にぎやかでした。

ガンダム 見（み）ましたか？

あ、見（み）ましたよ。とても 大（おお）きかったです。

(쉬는 시간) 교실에서

なつこさん、休みは 何を しましたか？

わたしは 旅行に 行きました。

へぇ。どこに 行きましたか？

釜山に 行きました。

釜山は ちょっと 遠かったです。

でも、楽しかったですよ。

보통체

なつこちゃん、休みは 何したの？

わたしは 旅行に 行ったよ。

へぇ。どこ 行ったの？

釜山に 行ったの。

釜山、ちょっと 遠かった〜。

でも、楽しかったよ。

1 (　　　)안에 적당한 말을 아래 박스에서 골라 써 넣으시오.

①A：お疲れ様(　　　　　　　　)。お台場には　行き(　　　　　　)か？

　B：はい、行き(　　　　　　　)。すごく　にぎやか(　　　　　　)。

②A：富士山　見(　　　　　　)か？

　B：あ、見(　　　　　　)よ。とても　大き(　　　　　　)です。

> でした　　ました　　です　　ます　　い　　かった

2 다음 대화를 듣고 빈칸에 알맞은 말을 써 넣으시오. 🎧 track-57

①A：キムさん、休みは　(　　　　　　)。

　B：旅行に　(　　　　　　)。

②A：日本は　(　　　　　　)？

　B：(　　　　　　)。疲れましたよ。

3 다음 문장을 일본어로 고쳐 쓰시오.

① 동경 스카이트리는 봤습니까?

→ _____ 。

② 오사카는 조금 멀었습니다.

→ _____ 。

③ 수고하셨습니다.

→ _____ 。

4 다음에 제시된 정보를 이용해 문장을 완성하시오.

① A : 沖縄は　どうでしたか？
　　　おきなわ

　　B : とても　_____ 。

② A : 東京　スカイ ツリーには　行きましたか？
　　　とうきょう　　　　　　　　　　い

　　B : ええ、行きましたよ。
　　　　　い

　　　　とても　_____ 。

③ A : 夏休みには　何を　しましたか？
　　　なつやす　　　なに

　　B : 北海道に　_____ 。
　　　ほっかいどう

1 다음 대화를 듣고 내용과 일치하는 그림에 번호를 써 넣으시오. track-58

2 방학이나 휴가기간에 했던 일을 3가지 이상 적어봅시다.

> 예 夏休みには　プサンへ　行きました。
> 　　　なつやす　　　　　　　い
>
> 　　　休みの時、旅行に　行きました。
> 　　　やす　とき　りょこう　い

3 위의 목록을 참고로 서로 질문해 봅시다.

> 예 夏休みには　何を　しましたか？
> 　　　なつやす　　　なに
>
> 　　　休みの時には　何を　しましたか？
> 　　　やす　とき　　　なに

文化コーナー
문화 코너

다양한 사투리

일본은 남북이 긴 섬이라서 사투리도 다양하다. 들어본 적이 없으면 같은 일본 사람끼리라도 이야기하기 힘든 경우도 있다.

그리고 같은 말이라도 지방에 따라 느낌의 차이가 있다. 예를 들어, 같은 바보라는 뜻으로 도쿄를 중심으로 하는 사람한테는 아호 (**あほ**)는 강하게 느껴지고 오사카를 중심으로하는 관서지방 사람한테는 바카(**ばか**)가 더 강하게 느껴질 때 수 있다고 한다.

그리고 북쪽이나 남쪽은 사투리가 심해서 그 지방 사람이 아니면 이해하기 힘들 때도 많다. 지금은 표준어를 많이 사용하고 있지만 사투리를 들으면 그 지방 느낌이 난다. 표준어를 말하는 도쿄 사람… 특히 남성에게는 사투리를 말하는 여성이 귀엽게 느껴진다고 한다.

<「がんばれ : 힘내세요, 열심히 하세요」의 각 지방 사투리>

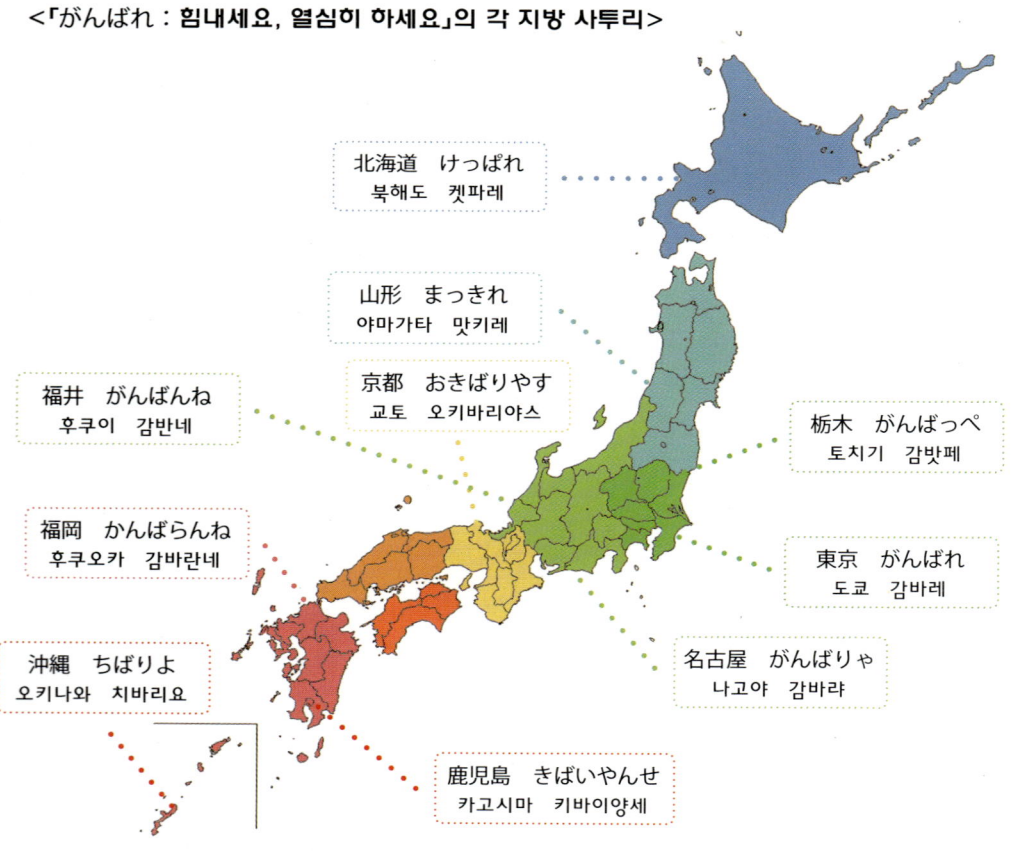

北海道　けっぱれ
북해도　켓파레

山形　まっきれ
야마가타　맛키레

京都　おきばりやす
교토　오키바리야스

福井　がんばんね
후쿠이　감반네

栃木　がんばっぺ
토치기　감밧페

福岡　かんばらんね
후쿠오카　감바란네

東京　がんばれ
도쿄　감바레

沖縄　ちばりよ
오키나와　치바리요

名古屋　がんばりゃ
나고야　감바랴

鹿児島　きばいやんせ
카고시마　키바이양세

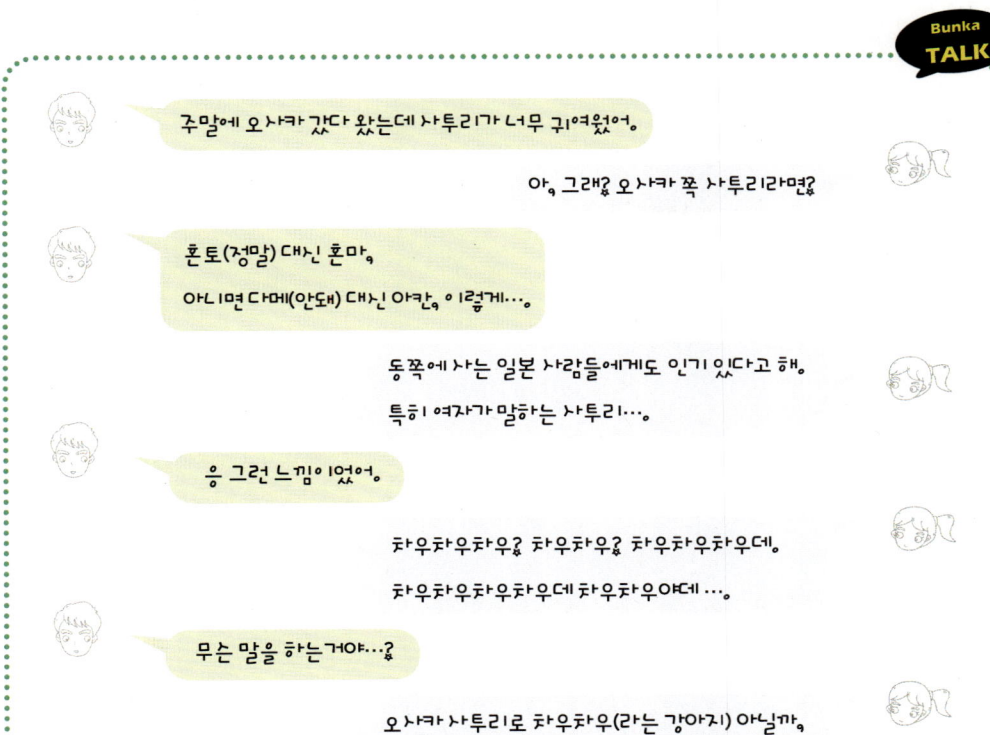

주말에 오사카 갔다 왔는데 사투리가 너무 귀여웠어.

아, 그래? 오사카 쪽 사투리라면?

혼토(정말) 대신 혼마,
아니면 다메(안돼) 대신 아칸, 이렇게….

동쪽에 사는 일본 사람들에게도 인기 있다고 해.
특히 여자가 말하는 사투리….

응 그런 느낌이었어.

챠우챠우챠우? 챠우챠우? 챠우챠우챠우데.
챠우챠우챠우챠우데 챠우챠우야데….

무슨 말을 하는거야…?

오사카 사투리로 챠우챠우(라는 강아지) 아닐까,
아냐 챠우챠우 아니지,
챠우챠우아닌거 아냐 챠우챠우지… 이런 뜻이야.

차우차우

チャウチャウ
じゃない？

チャウチャウ
じゃなくないよ。
チャウチャウだよ。

チャウチャウ？
チャウチャウ
じゃないよ。

(차우차우) 사자와 곰을 닮은 오랜 역사를 가진 중국 순수혈통의 개

이런 일 저런 일 あんなこと こんなこと

① 일본에서 대중목욕탕에 간 한국인 유학생 A씨(여자). 준비를 끝내고 목욕탕 안으로 들어가려고 하는데 카운터의 아주머니와 눈이 마주쳤다. 그래서 가볍게 고개를 숙이며 인사를 나누자 그 아주머니는 「おおきに」라고 하는 것이 아닌가, 그 말을 들은 A씨는 너무 부끄러워 얼굴이 빨개졌다. 실은, 목욕탕 아주머니는 단순히 「ありがとう=고맙습니다」라는 의미로 오사카 사투리 「おおきに」를 쓴 것인데 A씨는 자신의 신체, 또는 일부분이 「おおきい=크다」라고 하는 것으로 착각한 것이다.

01 02 03 04 05 06 07 08 09 10

학습 목표
희망과 관련된 표현을
사용할 수 있다

Chapter 10

好きな 人が できました。

単語 단어 체크

- □ また 또
- □ 映画 영화
  えい が
- □ かのじょ 그녀
- □ 電話 전화
  でん わ
- □ 番号 번호
  ばんごう
- □ ほしい 원하다 / 갖고 싶다
- □ どんな 어떤
- □ ソゲッティング 소개팅

- □ 会話 회화
  かい わ
- □ できる 가능하다 / 할 수 있다
- □ もしかして 혹시
- □ 話 이야기
  はなし
- □ やさしい 쉽다
- □ ゲーム 게임
- □ 新しい 새롭다
  あたら
- □ 東京 도쿄
  とうきょう

表現 표현 체크

❶ もしかして 혹시

❷ どんな ～でしたか
어떤 ~이었습니까?

❸ また ～たいですね 또 ~싶습니다

❹ ～したいな ~하고 싶다

① 動詞ます形 + たいです。　動詞ます형 + (하)고 싶습니다.

ヒョヌさんに

甘くて おいしいケーキが

おもしろい映画が

会い
食べ
見

たいです。

② 名詞 + がほしいです。　명사 + 갖고 싶습니다.

かのじょの電話番号

新しいケイタイ

ぬいぐるみ

が　ほしいです。

「ほしい」
는 말하는 사람이
소유하고 싶은 욕구를 나
타내는 표현이고, 욕구의
대상에는 조사 「が」 를
사용합니다.

③ どんな ＋ 名詞（めいし）　어떤 ＋ 명사

どんな

人（ひと）が　好（す）きですか？

スポーツが　好（す）きですか？

映画（えいが）を　見（み）ますか？

이미 5과와 7과에서 학습한 용
법 이외에도, 어떤 명사의 범주의 속하
는 사물 등의 구체적인 이름이나 사실을 묻는
데에도 쓰입니다.

どんな 人が 好きですか？
かわいい人が 好きです。

どんな スポーツが 好きですか？
野球です。

どんな映画を 見ますか？
アクション映画を 見ます。

④ ～は　どうでしたか？　~은(는) 어땠습니까?

> 日本
> に ほん
> ソゲッティング
> 会話のテスト
> かい わ

は　どうでしたか？

> 「～はどうでしたか」 는
> 듣는 사람이 경험한 일에 대한 인
> 상, 의견, 감상 등을 묻는 표현입니다.
>
> 日本はどうでしたか？
> とても楽しかったです。
>
> ソゲッティングはどうでしたか？
> かのじょ、いい子でしたよ。
>
> 会話のテストはどうでしたか？
> 難しくなかったです。

하루나와 나츠코가 캠퍼스 내에서 이야기 하는 장면

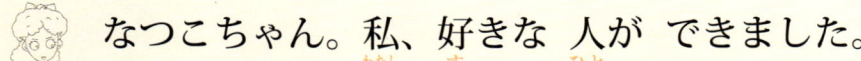

なつこちゃん。私、好きな 人が できました。

はるなちゃん。それ、もしかして、ヒョヌさん？

ヒョヌさんは どんな 人でしたか？

やさしくて、とても いい人でしたよ。

どんな 話を しましたか？

映画や 食べ物の 話を しました。

また、会いたいです。

ヒョヌさんからの 電話が ほしいですよね。

…はい…

캠퍼스에서

ヒョヌさん、ソゲッティング、どうでしたか？

かのじょ、いい子でしたよ。

また、会いたいですね。

はるなちゃんの 電話番号、ほしいですか？

はい。ほしいです！！

보통체

ヒョヌくん、ソゲッティング、どうだった？

かのじょ、いい子だったよ。

また、会いたいな。

はるなちゃんの 電話番号、ほしい？

うん。ほしい！！

1 ( )안에 적당한 말을 아래 박스에서 골라 써 넣으시오.

① A : なつこちゃん。私、（ 　　　　　 ） 人が　できました。

B : かれは、どんな　人でしたか？

A : （ 　　　　　 ）、とても　（ 　　　　　 ） 人でした。

② A : どんな　話を　しましたか？

B : （ 　　　　　 ） タレントや　映画の　話を　しました。

好き	好きな	好きで
やさしい	やさしくて	わるい　　いい

2 다음 대화를 듣고 빈칸에 알맞은 말을 써 넣으시오. 　track-61

① A : ヒョヌさん、ソゲッティング （ 　　　　　　 ）？

B : かのじょ、（ 　　　 ）子でしたよ。また （ 　　　　　 ）ですね。

② A : なつこちゃんからの （ 　　　　　　 ）ですよね。

B : はい、（ 　　　 ）です。

168

3 다음 문장을 일본어로 고쳐 쓰시오.

① 또 만나고 싶습니다.

  → _____。

② 상냥하고 매우 좋은 사람이었어요.

  → _____。

③ 영화나 음식 등의 이야기를 했습니다.

  → _____。

4 다음에 제시된 정보를 이용해 문장을 완성하시오.

① A : どんな　話を　しましたか？

  B : _____。

② A : キムさんは　どんな　人でしたか？

  B : _____。

③ A : はるなちゃんは　何が　一番　ほしいですか？

  B : _____。

1　다음 대화를 듣고 내용과 일치하는 그림에 번호를 써 넣으시오. track-62

2 자신이 현재 가장 갖고 싶은 물건이나 가보고 싶은 곳을 적어 봅시다.

예 新しい ケイタイが ほしいです。
あたら

東京へ 行って みたいです。
とうきょう い

3 위의 목록을 참고로 친구나 동료의 희망사항에 대해 서로 질문해 봅시다.

예 A：○○さんは 何が 一番 ほしいですか？
なに いちばん

B：新しい ケイタイが ほしいです。
あたら

예 A：○○さんは どこへ 行きたいですか？
い

B：富士山へ 行って みたいです。
ふ じ さん い

文化コーナー
문화 코너

미팅

 일본 역시 한국과 마찬가지로 미혼남녀의 다양한 만남이 존재하는데, 그 대표적인 것이 「고콘
(合コン)」이라 불리는 그룹 미팅이다. 고콘은 「고도 콘파(合同コンパ)」, 즉 「합동」이라는 한자와
「컴퍼니」라는 영어로 이루어진 일본식 조어(造語)의 약자로 각각 2인 이상의 남녀가 만남을 가지
는 단체 미팅을 가리킨다. 미혼 남녀가 1대1로 만나는 경우는 결혼을 전제로 한 만남인 맞선, 즉
「오미아이(お見合い)」외에는 보기 드물다고 한다.
 한편 최근 일본에서는 음식에 비유하여 이상적인 남성상을 외유내강형의 「양배추 롤 같은 남자
(ロールキャベツ男子)」, 기피대상은 겉으로만 강한 척 하는 「아스파라거스 베이컨 남자(アスパ
ラベーコン男子)」라고 부른다고 한다. 「양배추 롤(ロールキャベツ)」과 「아스파라거스 베이컨 말
이(アスパラベーコン巻き)」는 일본의 대중적인 음식으로 양배추롤의 속은 육류 겉은 채소, 아스
파라거스 베이컨말이의 속은 채소 겉은 육류라는 점에서 이러한 호칭이 비롯되었다.

*ロールキャベツ : 다진 고기와 양파, 당근 등을 썰어 양념한 것을 익힌 양배추에 싸먹는 음식.
*アスパラベーコン巻き : 익힌 아스파라거스를 베이컨으로 말아 먹는 음식.

오늘 미팅 좀 어땠어?

흠...。。나쁘지는 않았는데 초식 남자 많았었지?

남자들이 너무 얌전히 있었잖아...

 근데 한 명 육식도 있었지?

어땠어?

육식도 너무 육식이었어...-ㅡ

근데 같은 육식이라 너한테 어울리겠네。。ㅋㅋ

 아! 난 그 사람이 육식인데 아스파라베이콘 아닐까 하는데...?

난 아스파라 싫어...

아스파라 같지가 않은데...완전히 육식 아닐까...?

난 내가 초식이라 육식은 좀...

➜➜

도전 초간단 레시피!

1. 양배추 롤(ロールキャベツ)

준비물   양배추 1개, 다진 고기 400g, 양파 1/2개, 당근 1/2개, 셀러리, 소금, 후추 적당량 등

만들기   ① 프라이팬에 다진 양파를 볶는다.

② 다진 고기에 볶은 양파와 소금, 후추 등으로
   양념을 한다.

③ 데친 양배추에 양념한 고기를 넣고 돌돌 만다.

④ 냄비에 양배추 롤이 잠기지 않을 정도로 물(맛
   이 첨가된 스프 등도 좋다)을 넣고, 1시간 가
   량 푹 삶아준다.

부록

- 연습 문제
- 청해연습 스크립트 및 정답
- 문법&문형 / 본문 회화 해석
- 게임 자료

1課 おはようございます。

ドリル 確認 学習 (p.38~39)

01

① A：は / よろしく　B：は

② A：はじめまして / よろしく　B：は

02

なつこ：はじめまして / よろしくお願いします

チェ：英文科

パク：どうぞ、よろしく

04 처음 뵙겠습니다 - はじめまして

잘 부탁합니다 - どうぞ、よろしく

먼저 실례하겠습니다 - お先に 失礼します

チャレンジ 連習 問題 (p.40) 🎧 track-26

01

① A：さようなら。

　B：じゃあね。バイバイ。

② A：おやすみなさい。

　B：おやすみ。

③ A：おはようございます。

　B：おはよう。

④ A：こんばんは。

　B：こんばんは。

⑤ A：こんにちは。

　B：こんにちは。

정답

① 4　　② 3　　③ 5

④ 2　　⑤ 1

2課 これは 何ですか？

ドリル 確認 学習 (p.52~53)

01

① A：これは

② A：の

　B：はそれは　 / じゃありません

02

A：（こちらは） 妹さんですか？

B：いいえ、妹（じゃありません）。姉です。

A：（そうですか）。じゃあ、こちらは？

B：（これは） 兄です。

　兄は　大学生（で）、姉は　会社員です。

03

① これは　何ですか？

② いいえ、兄じゃありません。

③ それは　家族の　写真です。

04

① B：ケイタイは　ガラクチーです。

② B：ガラクチーじゃありません。

　　iBhoneです。

③ B：家族の　写真です。

チャレンジ 連習 問題 (p.54) 🎧 track-30

01

① A：キムさん、これは　何ですか？

　B：それは　家族の　写真です。

② A：こちらは　お兄さんですか？

　B：いいえ、兄じゃありません。

　　弟 です。

③ A：じゃあ、こちらは。

　　B：これは　妹です。

　　　　兄は　会社員で、妹は　大学生です。

④ A：これは　パクさんの　ケイタイですか？

　　B：はい、そうです。私のです。

⑤ A：キムさん、ケイタイは

　　　　iBhoneですか？

　　B：いいえ、私の　ケイタイは

　　　　ガラクチーで、なつこさんの

　　　　ケイタイが、iBhoneです。

정답

① 3	② 4	③ 5
④ 2	⑤ 1	

3課　もしもし、今 どこですか？

ドリル 確認 学習 (p.66~67)

01

① A：たくさん / いますね

② A：はじめまして / よろしく　B：は

02

A：（もしもし）。キムさん。

　　今、どこに（いますか）。

B：イ先生の　研究室の（前です）。

A：えっ？　イ先生は　私の　目の　前に

　　（いらっしゃいますよ）。

B：じゃあ、イ先生は、今、部屋に

　　（いらっしゃいませんね）。

03

① あそこに　たくさん　人がいますね

② じゃあ、スーパーも　ありますか？

③ イ先生は　わたしの　目の前に

　　いらっしゃいます。

04

① B：カフェや　銀行や　博物館なども

　　　あリますよ。

② B：スーパーは　ありません。

③ B：家族の写真です。

チャレンジ　연습 문제 (p.68) track-34

01

① A：キムさん、あそこに　人が

　　　たくさん　いますね。

　　B：ああ、あそこは　最近　人気のある

　　　カフェです。

② A：学校の　なかにも　カフェが

　　　ありますか？

　　B：ええ。学校には　カフェや　銀行や

　　　コンビニも　ありますよ。

③ A：キムさん。今、どこに　いますか？

　　B：イ先生の　研究室の　まえです。

④ A：なんでも　ありますね。じゃあ、

　　　スーパーも　ありますか？

　　B：学校に　スーパーは　ありません。

정답

① 2	② 4	③ 1	④ 3

4課　誕生日は いつですか？

ドリル　確認 学習 (p.80~81)

01

① A：いつですか？

② A：何時から

　B：から

02

A：私の　誕生日は（5月5日）です。

B：あ、そうですか？

　韓国の（子供の日）です。

A：本当に？日本も（同じ）です。

B：あ、そうなんですか？

　じゃあ、（1月1日）は？

03

① 誕生日は　いつですか？

② 授業は　何時から　何時までですか？

③ 韓国の　子供の日です。

04

① A：誕生日は　いつですか？

② A：何時から　何時までですか？

③ A：誕生日は　いつですか？

チャレンジ　連習 問題 (p.82) 🎧 track-38

01

① A：ユナさん、誕生日は　いつですか？

　B：わたしの　誕生日は　7月4日です。

② A：キムさん、英語の　授業は

　　何時からですか？

　B：8時からです。

③ A：日本語の　授業は　何時間ですか？

　B：2時間です。

④ A：中国語の　授業は　何時から

　　何時までですか？

　B：1時から　3時までです。

정답

① 2　　② 1　　③ 3　　④ 4

5課　週末は　雨でしたね。

ドリル　確認 学習 (p.94~95)

01

① A：でしたね　B：いました

② A：でしたか

　B：じゃありませんでした / でした

02

A：ウンスくん、週末は　晴れ（でしたか）。

B：いいえ、土曜日は　雨（で）、日曜日は

　曇り（でした）。

A：じゃ、何か　イベントが（ありましたか）？

B：いいえ、何も（ありませんでした）。

03

① 週末の　天気は　どうでしたか？

② 土曜日は　晴れでしたが、

　日曜日は　雨でした。

③ 昨日は　勉強会じゃありませんでした。

04

① B：土曜日は　晴れで、

日曜日は　曇りでした。
②B：イベントは　ありませんでした。
③B：雨じゃありませんでした。
　　曇りでした。

チャレンジ　連習 문제 (p.96) 🎧 track-42

01

① A：ユナさん、週末の　天気は
　　どうでしたか？

　 B：土曜日は　曇りでしたが、
　　日曜日は　雨でしたよ。

② A：なつこさん、昨日　勉強会でしたか？

　 B：はい、そうです。

③ A：キムさん、昨日は　飲み会でしたか？

　 B：いいえ、昨日は　飲み会じゃありま
　　せんでした。勉強会でした。

④ A：勉強会は　何時から
　　何時まででしたか？

　 B：2時から4時まででした。

정답

① 2　　　② 3　　　③ 4　　　④ 1

| 6 課 | 甘くて おいしいですよ。 |

드릴 확인 학습 (p.108~109)

01

① A：かわいいですね。

② B：甘くて、おいしいですよ。

02

① A：こっちにも（小さい）くまの
　　ぬいぐるみが（ありますよ）。

　 B：なつこちゃん（幼い）ね。

② A：この　ケーキ、甘くて、
　　おいしいですよ。

　 B：本当ですか？（うれしい）！

03

① 小さくて、かわいい

② 幼くないですよ。

③ 甘くて、おいしいです。

04

① B：くまの　ぬいぐるみです。

② B：甘くて、おいしいです。

③ B：小さい　犬の　ぬいぐるみと、
　　大きい　猫の　ぬいぐるみが
　　あります。

チャレンジ　連習 문제 (p.110) 🎧 track-46

01

① A：わあ、すごい！これ　かわいいですね。

　 B：いぬの　ぬいぐるみですね。

② A：こっちにも　小さい　ねこの
　　ぬいぐるみが　ありますよ。

　 B：本当に　かわいいですね。

③ A：なつこちゃん、その　小さいのは
　　何ですか？

　 B：あ、これは　手作りの
　　チョコレートです。

④ A：これ、私の 手作りの ケーキです。
　　どうぞ。
　B：いただきます。
　　甘くて、おいしいですね。

정답

① 3　　② 4　　③ 2　　④ 1

7課　何が 好きですか？

ドリル 確認 学習 (p.124~125)

01

① A：どんな
　B：静かな
② A：好き
　B：ほう / 好き

02

① A：ウンスくんは、静かな 性格ですか？
　B：いいえ、(がんこ)で、(勝ち気)な
　　性格です。
② A：キムさんは、ラーメンと そばと
　　(どちらが 好き)ですか？
　B：そばの (ほうが 好き)です。

03

① がんこな 性格です。
② どちらが 好きですか？
③ どんな 科目が 好きですか？

04

① B：がんこで 勝ち気です。
② B：そばの ほうが 好きです。

③ B：ラーメンが 一番 好きです。

チャレンジ 연습 문제 (p.126) 🎧 track-50

01

① A：なつこさんの 家の まわりは
　　どうですか？
　B：そうですね。静かで きれいです。
② A：駅の 前は 静かですか？
　B：いいえ、にぎやかで 人が 多いです。
③ A：キムさん、うどんと そばと
　　どちらが 好きですか？
　B：わたしは うどんの ほうが
　　好きです。
④ A：麺の 中では 何が 一番 好きですか？
　B：ラーメンが 一番 好きです。

정답

① 3　　② 4　　③ 2　　④ 1

8課　この後、何をしますか？

ドリル 確認 学習 (p.140~141)

01

① A：しますか？
　B：しません。
② A：書きますか？
　B：じゃありませんでした。
　　/ 見ます。

02

① A：私は 家で (勉強をします)。
　　イさんは？
　B：私は 図書館に (行きます)。

② A：今日は　授業で（何を　しますか）？
　　B：今日は（テストをします）。

03

① リスニングの　テストは　やりません。
② わたしは　図書館に　行きます。
③ レポートは　書きません。
　　単語の　勉強を　します。

04

① B：ドラマを　見ます。
② B：図書館に　行きます。
③ B：単語の　勉強を　します。

チャレンジ　連習 문제 (p.142)　🎧 track-54

01

① A：先生、今日は　授業で　テストを
　　　しますか？
　　B：いいえ、今日日は　テストを　しま
　　　せん。日本の　ドラマを　見ます。
② A：何の　テストを　しますか？
　　　リスニングですか？単語ですか？
　　B：単語の　テストを　やります。
③ A：なつこさん、この後、何を　しますか？
　　B：家で　レポートを　書きます。
④ A：私は　家で　勉強を　します。
　　　キムさんは。
　　B：私は　図書館に　行きます。

정답

① 3　　② 2　　③ 1　　④ 4

9課 休みは　何を　しましたか？

ドリル　확인 학습 (p.154~155)

01

① A：でした　／　ました
　　B：ました　／
② A：ました
　　B：ました　／　かった

02

① A：キムさん、休みは（何を
　　　しましたか）。
　　B：旅行に（行きました）。
② A：日本は（どうでしたか）？
　　B：（暑かったです）。疲れましたよ。

03

① 東京スカイツリーは　見ましたか？
② 大阪は　ちょっと　遠かったです。
③ お疲れ様でした。

04

① B：暑かったです。
② B：大きかったです。
③ B：行きました。

チャレンジ　連習 문제 (p.156)　🎧 track-58

01

① A：キムさん、お帰りなさい。
　　　北京は　どうでしたか？
　　B：とても　寒かったです。

② A：ニューヨークにも　行きましたか？

B：はい、行きました。

すごく　にぎやかでした。

③ A：冬休みには　何を　しましたか？

B：雪祭りを　見に　北海道に

行きました。

④ A：富士山は　見ましたか？

B：ええ、見ましたよ。

とても　高かったです。

정답

① 3　　　② 1　　　③ 4　　　④ 2

10課　好きな 人が できました。

ドリル 確認 学習 (p.168~169)

01

① A：好きな

B：やさしくて　/　いい

② B：好きな

02

① A：ヒョヌさん、ソゲッティング

（どうでしたか）？

B：かのじょ、（いい）子でしたよ。

また（会いたい）ですね。

② A：なつこちゃんからの

（電話が　ほしい）ですよね。

B：はい、（ほしい）です。

03

① また、会いたいです。

② やさしくて、とても　いい　人でした。

③ 映画や　食べ物の　話を　しました。

04

① B：ゲームや　映画の　話を　しました。

② B：やさしくて、いい　人でした。

③ B：新しい　ケイタイが　一番

ほしいです。

チャレンジ　連習 問題 (p.170) 🎧 track-62

01

① A：東京は　どうでしたか？

B：大きくて、にぎやかな　所でした。

② A：どんな　話をしましたか？

B：食べ物や　服の　話を　しました。

③ A：なつこちゃんは　今　何が　一番

ほしいですか？

B：新しい　時計が　ほしいです。

④ A：夏休みに　どこへ　行きたいですか？

B：フランスへ　行ってみたいです。

정답

① 4　　　② 2　　　③ 1　　　④

해석 자료

Chapter 01

문법 & 문형 포인트
p.33
① 저는 최 은비입니다.
　　간다씨는 대학생입니다.
② 경영학과 김 은수.
　　凸凹대학 학생입니다.
③ 간다라고 합니다.
　　박 유나라고 합니다.

p.34
매일의 인사
① 안녕하십니까(아침 인사)
② 안녕하십니까(낮 인사)
③ 안녕하십니까(저녁 인사)

처음 만남의 인사
① 처음 뵙겠습니다
② 잘 부탁합니다
③ 잘 부탁드립니다
④ 저야말로
⑤ ○○라고 합니다

p.35
헤어질 때의 인사
① 먼저 실례 하겠습니다
② 또 봐/ 내일 보자
③ 잘 가/잘 가
④ 빠이빠이/잘 가

손위 사람에게
A : 선생님, 먼저 실례하겠습니다.
B : 그래, 내일 보자.

친구끼리
A : 빠이빠이.
B : 응, 잘 가.

본문 회화
p.36
나츠코 : 처음 뵙겠습니다. 간다 나츠코입니다.
　　　　　잘 부탁합니다.
박유나 : 처음 뵙겠습니다. 박 유나입니다.
　　　　　저야말로 잘 부탁합니다.
최은비 : 저는 영문과의 최 은비라고 합니다.
　　　　　잘 부탁해요.
김은수 : 나는 김 은수. 잘 부탁해.

타인소개
선생님 : 여러분, 이쪽은 간다 나츠코 씨입니다.
나츠코 : 처음 뵙겠습니다. 간다 나츠코입니다.
　　　　　잘 부탁드립니다.

p.37
헤어질 때의 인사1
나츠코 : 선생님, 먼저 실례하겠습니다.
선생님 : 그래, 내일 보자.

헤어질 때의 인사2
최은비 : 나츠코, 내일 보자.
나츠코 : 그래. 잘 가.
최은비 : 빠이빠이.

보통체
하루나 : 안녕하세요. 저는 하루나입니다.
　　　　　잘 부탁합니다.
이현우 : 처음 뵙겠습니다. 나는 현우. 잘 부탁해.
하루나 : 현우씨는 학생입니까?
이현우 : 응, 凸凹대학 학생이야.

Chapter 02

문법 & 문형 포인트
p.47
① 이것은 무엇입니까?
　　그것은
　　저것은
② 이것은 노트입니까?
　　그것은 가족사진입니까?
　　저것은 일본어 책 입니까?

p.48

③ 아니오 누나가 아닙니다. 여동생입니다.

대학생이 아닙니다. 회사원입니다.

제 것이 아닙니다. 김○○씨 것입니다.

④ 형은 회사원이고, 여동생은 대학생입니다.

이것은 iBhone이고, 그것은 가라쿠치입니다.

저는 일본어학과이고, 김○○씨는 경영학과입니다.

p.49

⑤ 커피숍은 저쪽입니다.

이 분은 간다 나쓰코씨입니다.

본문 회화

p.50

김은수 : 나츠코 씨, 이것은 무엇입니까?

나츠코 : 그것은 가족사진입니다.

김은수 : 이 분은 언니입니까?

나츠코 : 아니오, 언니가 아닙니다. 여동생입니다.

김은수 : 그렇군요. 그럼, 이 분은?

나츠코 : 이 사람은 오빠예요. 오빠는 회사원이고 여동생은 대학생입니다.

p.51

교실에서

나츠코 : 이것은 김 씨의 휴대폰입니까?

김은수 : 아니오, 그것은 제 것이 아닙니다. 박 씨 것입니다.

나츠코 : 박 씨의 휴대폰은 iBhone이군요.

김은수 : 네, 박 씨의 휴대폰은 iBhone이고, 내 것은 가라쿠치입니다.

보통체

나츠코 : 이거 은수 휴대폰이니?

김은수 : 아니, 그건 내 고 아냐. 유나 꺼야.

나츠코 : 유나 휴대폰은 iBhone이구나.

김은수 : 그래, 유나 휴대폰은 iBhone이고, 내 건 가라쿠치야.

Chapter 03

문법 & 문형 포인트

p.61

① 저기에 사람이 있습니다.

교실에 학생이 있습니다.

연구실에 선생님이 있습니다.

② 저기에 카페가 있습니다.

학교에 은행이 있습니다.

공원에 벤치가 있습니다.

p.62

③ 저기에 사람은 없습니다.

교실에 학생은 없습니다.

연구실에 선생님은 없습니다.

④ 저기에 카페는 없습니다.

학교에 은행은 없습니다.

공원에 벤치는 없습니다.

p.63

⑤ 카페랑 은행이랑박물관 등도 있습니다.

iBhone이랑 가라쿠치랑 앞치마 등도 있습니다.

일본어학과랑 중국어학과랑 러시아학과 등도 있습니다.

본문 회화

p.64

나츠코 : 김 씨, 저기에 사람이 많이 있네요.

김은수 : 아아, 저기는 최근 인기 있는 카페예요.

나츠코 : 그러고 보니 학교에도 카페가 있네요.

김은수 : 네, 학교에는 카페랑 은행이랑 박물관도 있어요.

나츠코 : 헤에, 뭐든지 있구나. 그럼 슈퍼도 있습니까?

김은수 : 학교에 슈퍼는 없어요, 그렇지만 편의점은 있어요.

p.65

박유나 : 여보세요. 나츠코씨 지금 어디 있어요?

나츠코 : 이 선생님 연구실 앞입니다.

박유나 : 네? 이 선생님은 제 앞에 계시는데요.
나츠코 : 그럼, 이 선생님은 지금 방에 안 계시는군요.

보통체
박유나 : 여보세요. 나츠코, 지금 어디야?
나츠코 : 이 선생님 연구실 앞.
박유나 : 어, 이 선생님은 나랑 같이 있어.
나츠코 : 정말. 그럼 이 선생님은 지금 방에 없네.

Chapter 04
문법 & 문형 포인트
p.77
③ 9시에서 12시까지
1에서 10까지
집에서 학교까지

④ 일본어 수업은 9시에서 12시까지입니다.
은행은 9시 반에서 4시 반까지입니다.
박물관은 월요일에서 토요일까지입니다.

본문 회화
p.78
김은수 : 나츠코 씨, 생일은 언제입니까?
나츠코 : 제 생일은 3월3일입니다. 3월3일은 히나마쓰리로 여자 아이를 위한 축제입니다.
김은수 : 내 생일은 5월5일입니다. 한국의 [어린이날]입니다.
나츠코 : 일본도 5월5일은 [어린이날]입니다.
김은수 : 아, 그렇습니까. 같군요.

p.79
나츠코 : 유나 씨, 일본어 수업은 몇 시부터입니까?
박유나 : 9시부터입니다.
나츠코 : 몇 시간입니까?
박유나 : 3시간입니다.
나츠코 : 그럼, 12기까지이군요. 그럼, 나중에 봐요. 열심히 하세요.
보통체

나츠코 : 유나야, 일본어 수업 언제부터니?
박유나 : 9시부터야.
나츠코 : 몇 시간?
박유나 : 3시간.
나츠코 : 그럼, 12시까지네. 나중에 보자. 열심히 해.

Chapter 05
문법 & 문형 포인트
p.89
① 주말은 비였습니다.
일요일은 맑았습니다.
어제는 공부 모임이었습니다.

② 어제는 술 모임이 아니었습니다.
일요일은 비가 아니었습니다.
주말은 맑지 않았습니다.

p.90
③ 일요일은 이벤트가 있었습니다.
어제는 술 모임이 있었습니다.
목요일은 공부 모임이 있었습니다.

④ 공부 모임은 5시에서 7시까지였습니다.
이벤트는 금요일에서 일요일까지였습니다.
일본어 수업은 9시에서 12시까지였습니다.

p.91
이 휴대폰은 박씨 것입니다.
저 건물은 박물관입니다.

어떤 이벤트입니까?
나쓰코씨는 어떤 사람입니까?

본문 회화
p.92
김은수 : 나츠코 씨, 주말은 비였었지요?
나츠코 : 네. 그래서 집에 있었어요.
그럼, 지지난 주 주말 날씨는?
김은수 : 토요일은 비였지만 일요일은 맑았었지요. 그래서 이벤트가 있었어요.
나츠코 : 어, 이벤트? 어떤 이벤트?

김은수 : 그것은 비밀입니다.

p.93
박유나 : 김 씨, 어제는 술 모임이었습니까?
김은수 : 아니오, 술 모임이 아니었습니다.
　　　　어제는 공부 모임이었습니다.
박유나 : 공부 모임은 몇 시에서 몇 시까지입니까?
김은수 : 5시에서부터 7시까지입니다.

보통체
박유나 : 은수야, 어제는 술 모임이었니?
김은수 : 아니, 술 모임 어냐. 공부 모임이었어.
박유나 : 공부 모임은 몇 시부터 몇 시까지?
김은수 : 5시부터 7시까지.

Chapter 06
문법 & 문형 포인트
p.103
① 귀엽네요.
　어리군요.
　맛있네요.

② 작은 곰 인형이 있어요.
　맛있는 케이크네요.
　친절한 사람이네요.

p.104
③ 작고 귀엽다.
　달고 맛있다.
　친절하고 재미있다.

④ 어리지 않습니다.
　크지 않습니다.
　맛있지 않습니다.

⑤ 와 / 와 굉장하다
　정말
　더 드세요
　고맙습니다

본문 회화
p.106

나츠코 : 와, 굉장해. 이거 귀여운데요.
김은수 : 곰 인형이네요.
　　　　여기에도 작은 곰 인형이 있어요.
나츠코 : 와! 작고 귀여워!!
김은수 : 나츠코는 어리구나. 아직 어린애야
나츠코 : 뭐, 애라고? 너무해. T-T

p.107
박유나 : 나츠코 씨 , 이것 내가 직접 만든겁니다.
　　　　드세요.
나츠코 : 와, 케익입니까? 잘 먹겠습니다.
박유나 : 맛은 어때요?
나츠코 : 네, 달고 맛있어요.
박유나 : 정말이에요? 기쁘다! 그럼 더 드세요.

보통체
박유나 : 나츠코, 이거 내가 직접 만들었어.
　　　　먹어봐.
나츠코 : 와, 케익?
박유나 : 맛은 어때?
나츠코 : 달고 맛있어.
박유나 : 정말? 기쁜데. 더 먹어.

Chapter 07
문법 & 문형 포인트
p.117
① 나츠코씨는 완고(한 성격입니다)합니다.
　박씨는 지기 싫어합니다.(지기 싫어하는 성
　격입니다)
　나는 라면을 좋아합니다.

② 조용한 성격입니다.
　좋아하는 음식은 무엇입니까?
　깨끗한 방이군요.

p.118
③ 완고하고 승부욕이 있습니다.
　예쁘고 유쾌한 사람입니다.
　유명하고 번화한 장소입니다.

④ 학교는 조용하지 않습니다.
　나는 완고하지 않습니다.
　우동은 좋아하지 않습니다.

p.119

⑤ 우동과 메밀국수와 어느 쪽을 좋아합니까?
　일본어와 영어 어느 쪽이 어렵습니까?
　축구와 야구 어느 쪽을 잘 합니까?

⑥ 면 종류 중에서 무엇을 가장 좋아합니까?
　스포츠 중에서 어느 것을 가장 잘 합니까?
　한국 요리 중에서 어느 것이 가장 맛있습니까?

본문 회화

p.12

이현우 : 나츠코는 어떤 성격입니까?
박유나 : 응-, 글쎄요. 조용한 성격입니다.
김은수 : 아냐, 고집쟁이예요.
　　　　고집이 세고 지기 싫어하고.
이현우 : 의외네요. 고집쟁이라니.
김은수 : 박 씨와 같아요.
박유나 : 에! 말도 안되. 저 고집쟁이아닙니다.
　　　　그렇지만 지는 것은 싫어해요.

p.123

나츠코 : 김씨, 우동과 소바 중 어느 쪽을 좋아
　　　　합니까?
김은수 : 저는 우동을 좋아합니다.
나츠코 : 그러면 면 종류 중에서는 무엇을 가장
　　　　좋아합니까?
김은수 : 글쎄요, (고르기)어렵지만 라면을 가장
　　　　좋아합니다.

보통체

나츠코 : 은수야, 우동과 소바 중 어느 쪽이 좋아?
김은수 : 나는 우동 쪽을 좋아해.
나츠코 : 그러면 면 종류 중에서는 무얼 가장
　　　　좋아해?
김은수 : 글쎄, (고르기) 어렵지만, 라면이 제일
　　　　좋아.

Chapter 08
문법 & 문형 포인트
p.133

① 드라마를 봅니다.
　시험을 치릅니다.
　도서관에 갑니다.

② 드라마는 보지 않습니다.
　리스닝 테스트는 하지 않습니다.
　리포트는 쓰지 않습니다.

본문 회화

p.138

김은수 : 선생님, 오늘 수업에서 드라마를 봅니까?
선생님 : 아니오, 오늘은 드라마를 보지 않습니
　　　　다. 오늘은 시험을 봅니다.
김은수 : 에~, 무슨 시험을 봅니까? 듣기입니
　　　　까? 단어입니까?
선생님 : 단어시험입니다. 듣기 시험은 하지 않
　　　　습니다.
김은수 : 다행이다. 난 듣기는 잘 못하거든...

p.139

이현우 : 김 씨, 지금부터 무엇을 합니까?
김은수 : 나는 집에서 공부를 합니다. 이 씨는?
이현우 : 나는 도서관에 갑니다.
김은수 : 리포트를 씁니까?
이현우 : 리포트는 안 씁니다. 자료 비디오를
　　　　봅니다.

보통체

이현우 : 은수야, 지금부터 뭐 할꺼니?
김은수 : 집에서 공부할래. 너는?
이현우 : 나 도서관에 가.
김은수 : 리포트 쓰니?
이현우 : 리포트 안 써. 자료 비디오 보려고.

Chapter 09
문법 & 문형 포인트
p.149

① 모두 지쳤습니다.
　오다이바에 갔습니다.
　건담을 보았습니다.

② 여러분 수고하셨습니다.
　오다이바는 번화했습니다.
　어제는 제 생일이었습니다.
　주말은 맑았습니다.

p.150
③ 일본은 더웠습니다.
　건담은 매우 컸습니다.
　부산은 조금 멀었습니다.

p.151
⑤ 오다이바는 조용하지 않았습니다.
　일본은 덥지 않았습니다.
　건담은 보지 않았습니다.

본문 회화
p.152
나츠코 : 김 씨, 잘 다녀왔어요? 일본은 어땠어요?
김은수 : 더웠습니다. 힘들었어요.
나츠코 : 수고하셨습니다. 오다이바에는 갔어요?
김은수 : 네, 갔습니다. 매우 번화하던데요.
나츠코 : 건담 봤어요?
나츠코 : 김은수 : 아, 봤어요. 정말 크던데요.

p.153
김은수 : 나츠코 씨, 방학 때 뭐 했습니까?
나츠코 : 저는 여행 갔습니다.
김은수 : 헤에, 어디에 갔어요?
나츠코 : 부산에 갔었어요. 부산은 좀 멀던데요.
　　　　그렇지만 즐거웠어요.

보통체
김은수 : 나츠코, 방학 때 뭐 했어?
나츠코 : 여행 갔었어.
김은수 : 어디 갔었는데?
나츠코 : 부산에 갔었어. 부산은 좀 멀던데. 그
　　　　렇지만 즐거웠어.

Chapter 10
문법 & 문형 포인트
p.163

① 현우씨를 또 만나고 싶습니다.
　달고 맛있는 케익을 먹고 싶습니다.
　재미있는 영화를 보고 싶습니다.

② 그녀의 전화번호를 알고 싶습니다.
　새 휴대폰을 갖고 싶습니다.
　귀여운 인형을 갖고 싶습니다.

p.164
③ 어떤 사람을 좋아합니까?
　스포츠를 좋아합니까?
　영화를 봅니까?

p.165
④ 일본은 어땠습니까?
　소개팅은 어땠습니까?
　회화 테스트는 어땠습니까?

본문 회화
p.166
하루나 : 나츠코. 나 좋아하는 사람이 생겼어요.
나츠코 : 하루나. 그거 혹시 현우 씨?
　　　　현우 씨 어떤 사람이야?
하루나 : 친절하고 매우 좋은 사람이었어.
나츠코 : 어떤 이야기를 했었어요?
하루나 : 영화나 음식 이야기를 했어요.
　　　　또 만나고 싶어요.
나츠코 : 현우 씨한테서 전화가 오면 좋을텐데.
하루나 : 네.

p.167
박유나 : 현우 씨, 소개팅은 어땠어요?
이현우 : 그녀는 좋은 사람이었어요.
　　　　또 만나고 싶어요.
박유나 : 하루나의 전화번호 필요해요?
이현우 : 네, 필요합니다.

보통체
박유나 : 현우야, 소개팅 어땠어?
이현우 : 그 애 좋은 애였어.또 만나고 싶어.
박유나 : 하루나 전화번호 필요해?
이현우 : 응, 필요해.

A 보기의 물건이 어디에 놓여 있는지 상대에게 물어 보세요.

보기

B 보기의 물건이 어디에 놓여 있는지 상대에게 물어 보세요.

보기

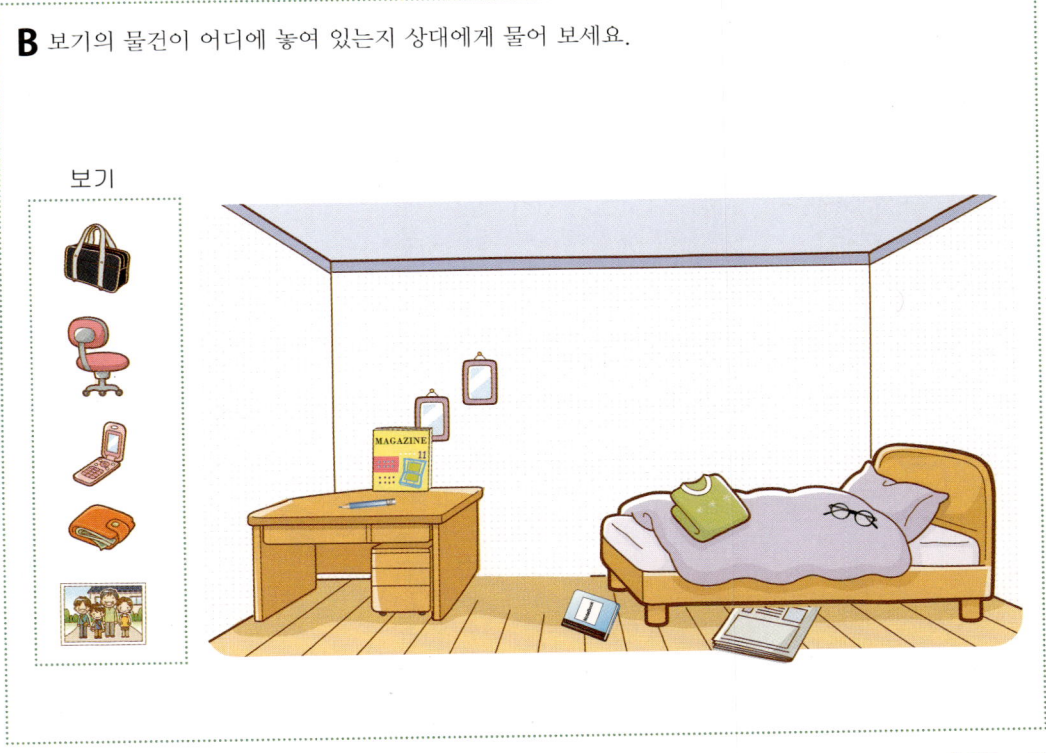

A 보고싶은 TV 프로그램

     *すもう   : _____ から _____ まで

     *ニュース   : _____ から _____ まで

     *クイズ   : _____ から _____ まで

     *日本語講座 : _____ から _____ まで
      にほんごこうざ

     *野球   : _____ から _____ まで
      やきゅう

     *サッカー   : _____ から _____ まで

     *映画   : _____ から _____ まで
      えいが

B 보고싶은 TV 프로그램

     *(   ): _____ から _____ まで

     *(   ): _____ から _____ まで

     *(   ): _____ から _____ まで

     *(   ): _____ から _____ まで

     *(   ): _____ から _____ まで

     *(   ): _____ から _____ まで

     *(   ): _____ から _____ まで

時	NHKテレビ ①	NHK教育テレビ ③		日本テレビ ④	TBSテレビ ⑥	フジテレビ ⑧
0	00 N◇14 Sびわ湖毎日マラソン大会 ゲスト・阿部文明 解説・喜多秀之 実況・小野塚康之 技場→大津市皇子山陸上競技場→草津市新浜折り返し 2791⋀795	00 囲碁講座 数えて上手 もう一生 NHK杯囲碁トーナメント「依田紀基×結城聡」解説・武宮正樹 714⋀1511 919379	0	55「味で五めん」焼きそばうどんラーメンに…? みのもんた 319⋀849	00 人気爆発 "高校教師" 舞台裏!? 真田広之▽告白電話 318⋀191	00 上岡龍太郎にはダーされないぞ「リンゴデャッヨ合戦」5559
1		20		00 S スーパージョッキー▽風船爆弾×巨乳体力検査 55040	00 噂の!東京マガジン爆発!飛び込み人衝撃映像の現場 55022	00 あっぱれさんま大先生▽の顔名サウンス 80530
2	2.45 笑 ニュ 26846	00 アジア映画劇場「バン ニュー、小さな異邦人」(2013年イラン)スーサン・タスリミー A・アフラーニービーン(字幕) 924646	2	00 S プロ野球～甲子園阪神×巨人【中止】映画「なまみ小僧怪伝」中村雅俊 560337	00 '13 世界フィギュアスケート選手権・女子▽伊藤みどり 2451	30 ゴールドラッシュ「春の特別企画画第2弾!」小堺一機 99375
3	00 N◇05 S 大相撲春場所 「初日」▽今場所の焦点・新横綱・新大関と武蔵丸 正面解説・武隈 向正面解説・出羽嵐忠雄 実況・久保田祐佳 石橋省三～大阪府立体育会館 457795	20 小さな旅 詩人・市島三千雄▽ 608	3	3.25 30 N スポット キリンカップサッカー '13 日本×アメリカ 解説・松本育夫～国立競技場 886397	00 映画「ぼくらの七日間戦争2」(2013年角川春樹事務所)山崎博子監督 貝志堅ライナー 明日奈則和 渋谷琴乃 高良場一 910⋀43	5.30 N スーパータイム あの甲子園で松井爆発か 33137
4	00 Sクイズ百点満点「暮らしの中の "数"▽日本経済を支えつづけて▽最新技術紹介▽歌うか い数? 320207	00 6 時だ!ETV・新大草原の小さな家「この愛すべき子ら」(前)(米NBC) 名曲 791646 536085	4	00 …注目あり 笑点 落語「会長への道」馬風▽大喜利 円楽歌丸 569658 81356	00 30分笑い画ニュースの森 吉川美代子 天◇番組 733 30780 530801	00 ション しっかりしなさい「おばあさんが現る」ザ・ザ・ザ・さんま「運も気分しだい」 1849 1917
5		00 S ブラジティカル日本語講座 画「ほめる」▽ 481424 288	5	00 日曜夕刊 天 独点スポーツ カメラが生出演▽あの甲子園で松井爆発か 889172 59207	00 報道特集 追及!金丸小針ルート▽疑惑の核心▽マウンサ執念捜査の最後の標的・立花隆 2086	30 キラーソン大百科 ビュー北国から来た北風の子ちゃん 3820
6		30 漢詩紀行画 近代洋聴力検査 萬数五郎 手話 107559 47153	6	00 おしてこ!ガリレオ「8÷四方の紙は何回折れる?」 714	00 さんまのからくりTV世界の46連発 さんまのからくりカメラ 豪華46連発	00 ダウンタウンのごっつええ感じ ジジババ若草物語ナンビとジョー 1288
7	00 S 沖縄スペシャル「春はまだ来ない雲仙普賢岳災害」家族の日々▽渡部鷲信 原田知世工藤夕貴 萩原健一 6⋀220 8⋀9	00 日曜美術館 近代洋画の青春 水沢勉マ▽ラランヌス至宝マクリツ ソウス王立美術館展村瀬秀治 9578	7	30 あしたのP－KAN気分仰天…1 10番とお天気の舞台裏 58578	00 THE・プレゼンター キャラ対ドラマ・炎の攻防▽大統領暗殺をぶっとばせ▽怒る象 空飛ぶ車!開く血管であなたを襲う笑いの嵐 黒木瞳 542040	30 若草物語ナンビとジョー先生「おもちゃの国の贈り物」
8	45	40	8	00 天才・たけしの元気が出るテレビ!!体操塾▽大統領ガードーマン演出する笑顔 N スポット◇57番組	00 日曜劇場 柚川一郎脚本・鶴下信一演出 杉村春子 草笛光子 大原麗子 宇津井健	00 ファミリースペシャル「伊藤みどり物語」折!選手生命の危機!名倉ゆうみ 丘みつ子矢崎滋 72191
9	54	00 S 芸術劇場・二胡楽器創立40周年記念 シュトラウスⅡ 喜歌劇「こうもり」アイゼンシュタイン …鈴木覚一	9	54 知ってるもり? 「小林一茶」衝撃!!俳句おらが春の陰に妻子連続死の悲劇▽俳句に挑戦俳 方智 85153	54 三十からり「三十から杉村春子 草笛光子日本列島明日のお天気	54 くいしん坊 35004

日語나라!
일본어 ①

초판인쇄 _ 2013년 2월 27일
초판발행 _ 2013년 3월 4일

저자 _ 박재환 · 다카하시 마리코 (高橋万里子) · 홍진희 · 구라이시 미토 (倉石美都)
펴낸이_ 엄호열
편집장_ 민준홍
책임편집_ 민준홍 · 장민규 · 中原美菜子
일러스트 _ 민준홍 · 야하타 에미코
펴낸곳_ (주)시사일본어사
등록일자_ 1977년 12월 24일
등록번호_ 제 300 - 1977 - 31호
주소_ 서울시 강남구 테헤란로 4길 28
전화_ 1588 - 1582   팩스_ (02) 3671 - 0500
홈페이지_ http://book.japansisa.com
이메일_ sisa_book@naver.com

ISBN 978-89-402-9114-6 18730
ISBN 978-89-402-9116-0 18730 (세트)

히라가나 가타카나 쓰기노트

히라가나 청음 あ행

'청음'은 맑은 소리라는 뜻으로, 탁점이나 반탁점이 없이 오십음도의 발음 그대로 읽히는 글자를 말합니다. 「あ행」은 일본어의 기본 모음이며, 한국어의 '아·이·우·에·오' 발음과 비슷합니다. 단, 「う」발음에 주의하세요. '우'와 '으'의 중간 발음으로 입술에 힘을 빼고 '으'에 가깝게 소리냅니다.

あ [a 아]	あ	あ	あ	あ	
い [i 이]	い	い	い	い	
う [u 우]	う	う	う	う	
え [e 에]	え	え	え	え	
お [o 오]	お	お	お	お	

히라가나 청음 か행

「か행」은 한국어의 'ㄱ'과 'ㅋ'의 중간 발음이지만, 단어의 첫 글자로 나올 때는 'ㅋ'에 가깝게, 단어 중간이나 끝에 올 때는 'ㄲ'로 읽는 것이 일본어 발음에 가깝습니다.

か [ka 카]	か	か	か	か	
き [ki 키]	き	き	き	き	
く [ku 쿠]	く	く	く	く	
け [ke 케]	け	け	け	け	
こ [ko 코]	こ	こ	こ	こ	

히라가나 청음 さ행

「さ행」은 한국어의 '사 · 시 · 스 · 세 · 소' 발음과 비슷합니다. 단 「す」 발음에 주의하세요. '스'와 '수'의 중간 발음으로 입모양을 튀어나오게 하지 말고 소리내보세요.

히라가나 청음 た행

「た행」은 '타·티·투·테·토'가 아닙니다. 헷갈리지 마세요. 「ち」와 「つ」는 우리말의 '치', '츠'에 가깝고요, 「た·て·と」는 단어 첫글자에서는 'ㅌ'에 가깝고, 단어 중간이나 끝에 있으면 'ㄸ'에 가깝게 발음합니다.

た	た	た	た		

[ta 타]

ち	ち	ち	ち		

[chi 치]

つ	つ	つ	つ		

[tsu 츠]

て	て	て	て		

[te 테]

と	と	と	と		

[to 토]

히 라 가 나 청 음 な행

「な행」은 한국어의 '나·니·누·네·노' 발음과 비슷합니다. 단 「ぬ」발음에 주의하세요. '누'와 '느'의 중간 발음으로 입모양을 튀어나오게 하지 말고 '누'라고 소리냅니다.

な [na 나]	な	な	な	な		

に [ni 니]	に	に	に	に		

ぬ [nu 누]	ぬ	ぬ	ぬ	ぬ		

ね [ne 네]	ね	ね	ね	ね		

の [no 노]	の	の	の	の		

히라가나 청음 は행

「は행」은 한국어의 '하·히·후·헤·호' 발음과 비슷합니다. 「ひ」는 입술을 옆으로 당겨 발음하고, 「ふ」를 발음할 때는 입술을 너무 둥글리지 말고 약간 평평한 상태에서 소리내야 합니다.

히 라 가 나 청 음 ま행

「ま행」은 한국어의 '마 · 미 · 무 · 메 · 모' 발음과 비슷합니다. 「む」는 한국어의 '무'라고 발음하기
보다는 '무'와 '므'의 중간발음이라고 생각하면서 소리내도록 해보세요.

히라가나 청음 や행

「や행」은 한국어의 '야 · 유 · 요' 발음과 비슷합니다.

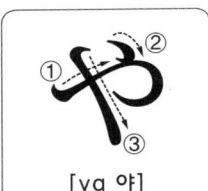

[ya 야]

や	や	や	や		

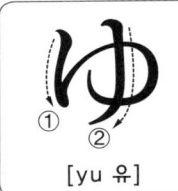

[yu 유]

ゆ	ゆ	ゆ	ゆ		

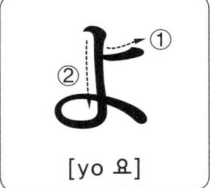

[yo 요]

よ	よ	よ	よ		

히라가나 청음 ら행

「ら행」은 한국어의 '라·리·루·레·로' 발음과 비슷합니다. 「る」와 「ろ」는 헷갈리기 쉬우니까 정확히 익히세요. 일본어 동사에는 「る」로 끝나는 단어들이 많답니다.

ら [ra 라]	ら	ら	ら	ら	

り [ri 리]	り	り	り	り	

る [ru 루]	る	る	る	る	

れ [re 레]	れ	れ	れ	れ	

ろ [ro 로]	ろ	ろ	ろ	ろ	

히라가나 청음 わ행・ん

발음은 한국어의 '와・오'와 비슷합니다. 「を」는 조사로만 쓰이며, 「あ」행의 「お」와 발음이 같습니다.

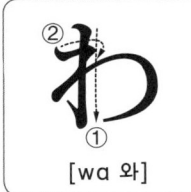

わ	わ	わ	わ		

を	を	を	を		

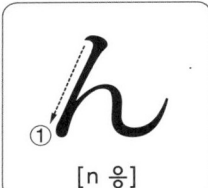

ん	ん	ん	ん		

히라가나 탁음 が행

'탁음'은 글자의 오른쪽 위에 탁점(゛)이 붙은 것입니다. 탁음은 「か」 「さ」 「た」 「は」 행에서만 나타납니다. 탁음의 「が행」은 한국어의 '가·기·구·게·고', 영어의 「g」발음과 비슷합니다.

が [ga 가]	が	が	が	が		

ぎ [gi 기]	ぎ	ぎ	ぎ	ぎ		

ぐ [gu 구]	ぐ	ぐ	ぐ	ぐ		

げ [ge 게]	げ	げ	げ	げ		

ご [go 고]	ご	ご	ご	ご		

히라가나 탁음 ざ행

탁음의 「ざ행」은 영어의 「z」 발음으로 한국인들에게는 조금 어려운 발음입니다. 「ず」는 영어로는 발음을 「zu」로 표기하지만, '주'가 아니라 '즈'로 발음해야 합니다.

13

히라가나 탁음 だ행

탁음의 「だ행」은 「だ·で·ど」는 영어의 「d」발음이며, 「ぢ·づ」는 「じ·ず」와 발음이 같습니다.

だ [da 다]	だ	だ	だ	だ	
ぢ [zi 지]	ぢ	ぢ	ぢ	ぢ	
づ [zu 즈]	づ	づ	づ	づ	
で [de 데]	で	で	で	で	
ど [do 도]	ど	ど	ど	ど	

히라가나 탁음 ば행

탁음의 「ば행」은 한국어의 '바 · 비 · 부 · 베 · 보'와 비슷한 발음이지만, 영어의 「b」와 같이 목의 성대를 울려서 내는 발음입니다.

히라가나 반탁음 ぱ행

'반탁음'은 글자의 오른쪽 위에 반탁점(˚)이 붙은 것입니다. 반탁음은 「は」행에서만 나타납니다. 영어의 「p」발음과 비슷합니다. 한국어의 '파·피·푸·페·포'와 '빠·삐·뿌·뻬·뽀'의 중간음 정도입니다.

ぱ [pa 파]	ぱ	ぱ	ぱ	ぱ		
ぴ [pi 피]	ぴ	ぴ	ぴ	ぴ		
ぷ [pu 푸]	ぷ	ぷ	ぷ	ぷ		
ぺ [pe 페]	ぺ	ぺ	ぺ	ぺ		
ぽ [po 포]	ぽ	ぽ	ぽ	ぽ		

혼동하기 쉬운 글자

모양이 비슷하여 혼동하기 쉬운 글자에 주의하여야 합니다. 한 글자 때문에 단어의 의미가 바뀌거나 일본어에 없는 말이 될 수 있으니 주의합시다.

あ	あ	あ	あ
お	お	お	お

い	い	い	い
り	り	り	り

き	き	き	き
さ	さ	さ	さ

ち	ち	ち	ち
ら	ら	ら	ら

は	は	は	は
ほ	ほ	ほ	ほ

ぬ	ぬ	ぬ	ぬ
め	め	め	め

る	る	る	る
ろ	ろ	ろ	ろ

ね	ね	ね	ね
れ	れ	れ	れ
わ	わ	わ	わ

가타카나 청음 ア행

ア [a 아]

イ [i 이]

ウ [u 우]

エ [e 에]

オ [o 오]

가타카나 청음 カ행

[ka 카]

カ カ カ カ

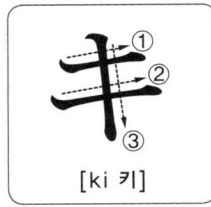
[ki 키]

キ キ キ キ

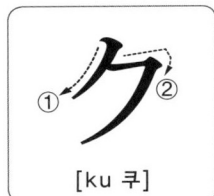
[ku 쿠]

ク ク ク ク

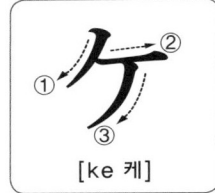
[ke 케]

ケ ケ ケ ケ

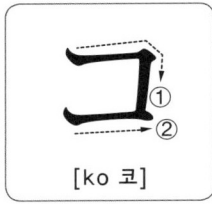
[ko 코]

コ コ コ コ

가타카나 청음 サ행

サ [sa 사]

シ [shi 시]

ス [su 스]

セ [se 세]

ソ [so 소]

가타카나 청음 タ행

[ta 타]

タ タ タ タ

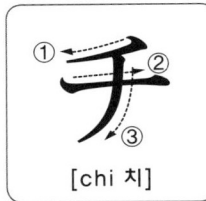
[chi 치]

チ チ チ チ

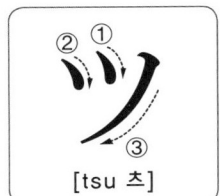
[tsu 츠]

ツ ツ ツ ツ

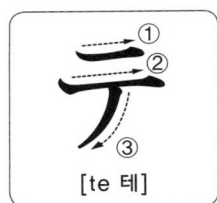
[te 테]

テ テ テ テ

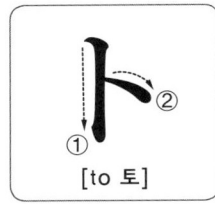
[to 토]

ト ト ト ト

가타카나 청음 ナ행

ナ [na 나]	ナ	ナ	ナ	ナ		
ニ [ni 니]	ニ	ニ	ニ	ニ		
ヌ [nu 누]	ヌ	ヌ	ヌ	ヌ		
ネ [ne 네]	ネ	ネ	ネ	ネ		
ノ [no 노]	ノ	ノ	ノ	ノ		

가타카나 청음 八행

ハ [ha 하]	ハ	ハ	ハ	ハ		
ヒ [hi 히]	ヒ	ヒ	ヒ	ヒ		
フ [hu 후]	フ	フ	フ	フ		
ヘ [he 헤]	ヘ	ヘ	ヘ	ヘ		
ホ [ho 호]	ホ	ホ	ホ	ホ		

가타카나 청음 マ행

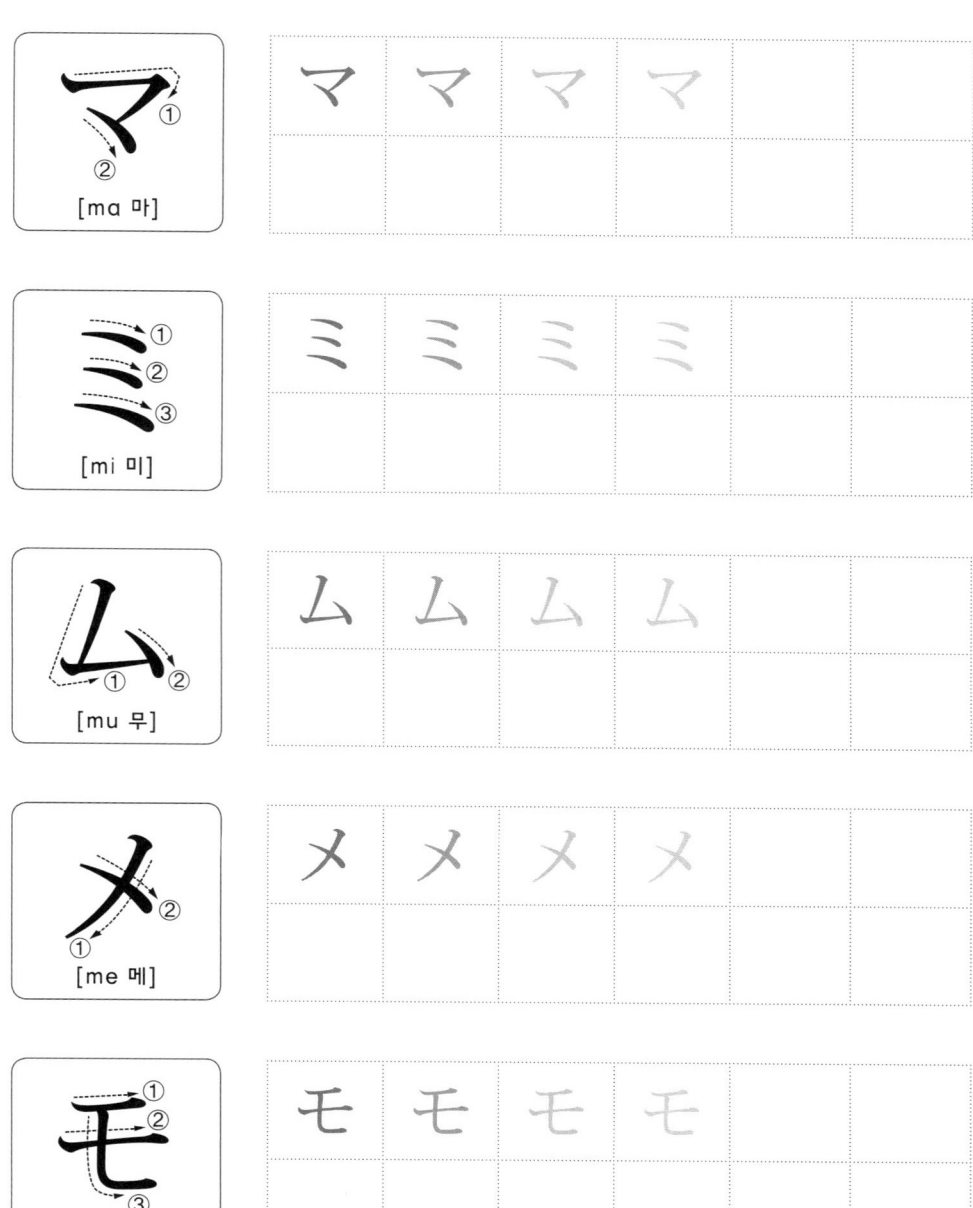

マ [ma 마]

ミ [mi 미]

ム [mu 무]

メ [me 메]

モ [mo 모]

가타카나 청음 ヤ행

[ya 야]

ヤ	ヤ	ヤ	ヤ		

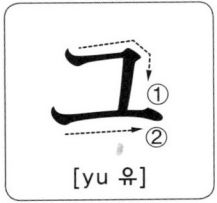
[yu 유]

ユ	ユ	ユ	ユ		

가타카나의 「ユ」는 「コ」와 헷갈리기 쉬우니까 주의해서 외우세요.

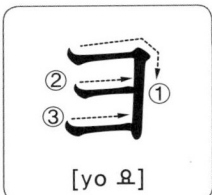
[yo 요]

ヨ	ヨ	ヨ	ヨ		

가타카나 청음 ラ행

[ra 라]

ラ ラ ラ ラ

[ri 리]

リ リ リ リ

[ru 루]

ル ル ル ル

[re 레]

レ レ レ レ

[ro 로]

ロ ロ ロ ロ

가타카나 청음 ワ행・ン

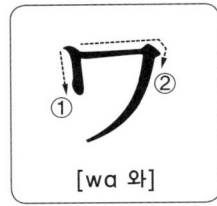

[wa 와]

ワ	ワ	ワ	ワ		

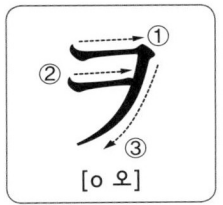

[o 오]

ヲ	ヲ	ヲ	ヲ		

가타카나의 「ヲ」는 거의 쓰이는 일이 없고, 발음이 같은 「オ」가 주로 쓰입니다.

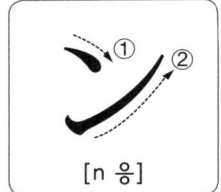

[n 응]

ン	ン	ン	ン		

가타카나 탁음 ガ행

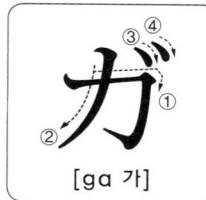

[ga 가]

ガ ガ ガ ガ

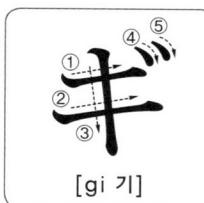

[gi 기]

ギ ギ ギ ギ

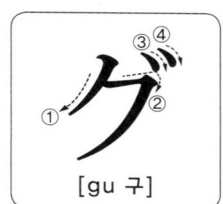

[gu 구]

グ グ グ グ

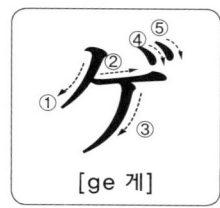

[ge 게]

ゲ ゲ ゲ ゲ

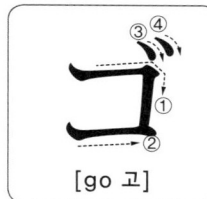

[go 고]

ゴ ゴ ゴ ゴ

28

가타카나 탁음 ザ행

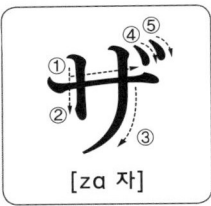

[za 자]

ザ	ザ	ザ	ザ		

[zi 지]

ジ	ジ	ジ	ジ		

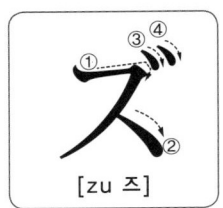

[zu 즈]

ズ	ズ	ズ	ズ		

[ze 제]

ゼ	ゼ	ゼ	ゼ		

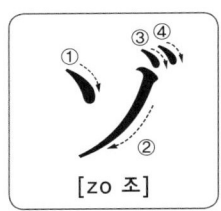

[zo 조]

ゾ	ゾ	ゾ	ゾ		

가타카나 탁음 ダ행

[da 다]

ダ	ダ	ダ	ダ		

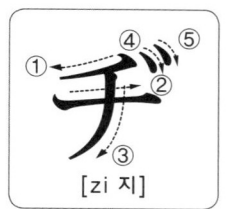
[zi 지]

ヂ	ヂ	ヂ	ヂ		

가타카나 「ヂ・ツ」는 거의 쓰이는 일이 없고, 그 대신에 발음이 같은 「ジ・ズ」가 주로 쓰입니다.

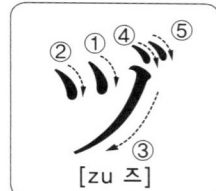
[zu 즈]

ヅ	ヅ	ヅ	ヅ		

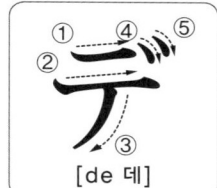
[de 데]

デ	デ	デ	デ		

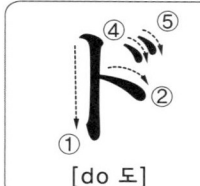
[do 도]

ド	ド	ド	ド		

가타카나 탁음 バ행

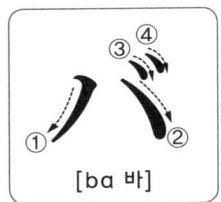

[ba 바]

バ バ バ バ

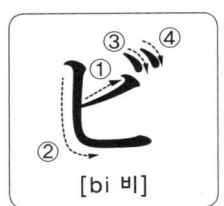

[bi 비]

ビ ビ ビ ビ

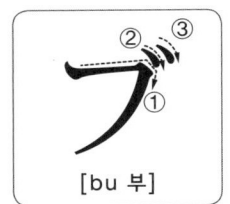

[bu 부]

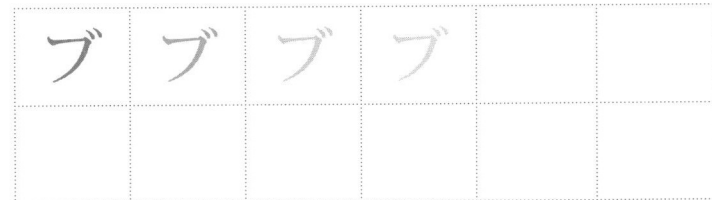

[be 베]

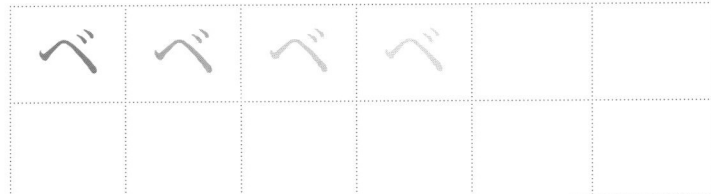

[bo 보]

ボ ボ ボ ボ

가타카나 반탁음 パ행

パ [pa 파]

ピ [pi 피]

プ [pu 푸]

ペ [pe 페]

ポ [po 포]

혼동하기 쉬운 글자

모양이 비슷하여 혼동하기 쉬운 글자에 주의하여야 합니다. 한 글자 때문에 단어의 의미가 바뀌거나 일본어에 없는 말이 될 수 있으니 주의합시다.

オ	オ	オ	オ
ネ	ネ	ネ	ネ

ク	ク	ク	ク
ケ	ケ	ケ	ケ

コ	コ	コ	コ
ユ	ユ	ユ	ユ

シ	シ	シ	シ
ツ	ツ	ツ	ツ

ソ	ソ	ソ	ソ
ン	ン	ン	ン

ホ	ホ	ホ	ホ
モ	モ	モ	モ

メ	メ	メ	メ
ヌ	ヌ	ヌ	ヌ

ラ	ラ	ラ	ラ
ヲ	ヲ	ヲ	ヲ

히라가나 요음

「き・ぎ・し・じ・ち・に・ひ・び・ぴ・み・り」 뒤에 반모음인 「や・ゆ・よ」를 작게 써서 한 글자처럼 한 박자로 발음되는 것을 요음이라고 합니다.

きゃ	きゅ	きょ
[kya 캬]	[kyu 큐]	[kyo 쿄]

きゃ	きゃ	きゅ	きゅ	きょ	きょ

ぎゃ	ぎゅ	ぎょ
[gya 갸]	[gyu 규]	[gyo 교]

ぎゃ	ぎゃ	ぎゅ	ぎゅ	ぎょ	ぎょ

しゃ	しゅ	しょ
[sya 샤]	[syu 슈]	[syo 쇼]

しゃ	しゃ	しゅ	しゅ	しょ	しょ

じゃ	じゅ	じょ
[jya 쟈]	[jyu 쥬]	[jyo 죠]

じゃ	じゃ	じゅ	じゅ	じょ	じょ

ちゃ	ちゅ	ちょ
[cha 챠]	[chu 츄]	[cho 쵸]

ちゃ	ちゃ	ちゅ	ちゅ	ちょ	ちょ

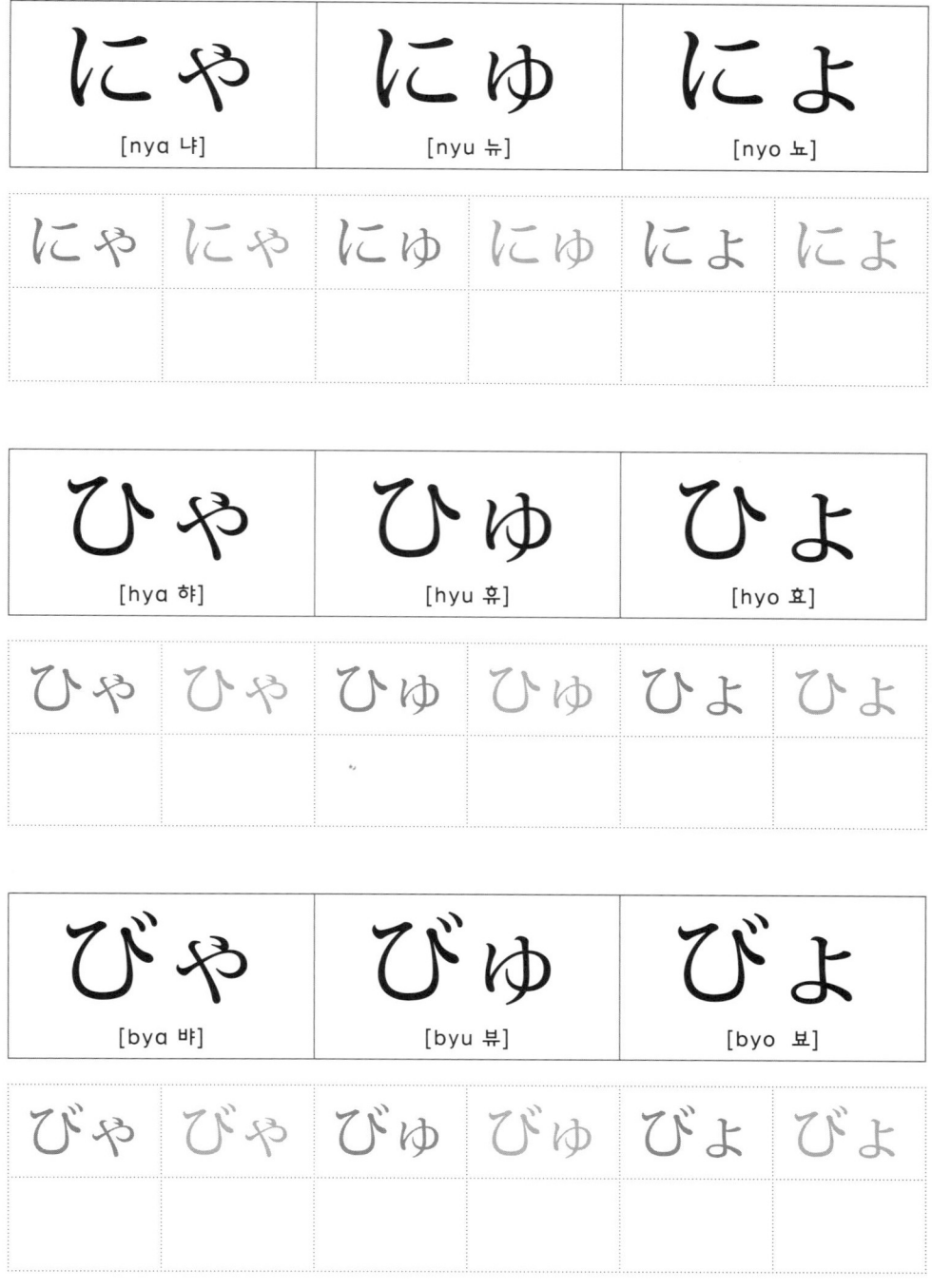

にゃ	にゅ	によ
[nya 냐]	[nyu 뉴]	[nyo 뇨]

にゃ	にゃ	にゅ	にゅ	によ	によ

ひゃ	ひゅ	ひょ
[hya 햐]	[hyu 휴]	[hyo 효]

ひゃ	ひゃ	ひゅ	ひゅ	ひょ	ひょ

びゃ	びゅ	びょ
[bya 뱌]	[byu 뷰]	[byo 뵤]

びゃ	びゃ	びゅ	びゅ	びょ	びょ

ぴゃ	ぴゅ	ぴょ
[pya 퍄]	[pyu 퓨]	[pyo 표]

ぴゃ	ぴゃ	ぴゅ	ぴゅ	ぴょ	ぴょ

みゃ	みゅ	みょ
[mya 먀]	[myu 뮤]	[myo 묘]

みゃ	みゃ	みゅ	みゅ	みょ	みょ

りゃ	りゅ	りょ
[rya 랴]	[ryu 류]	[ryo 료]

りゃ	りゃ	りゅ	りゅ	りょ	りょ

가타카나 요음

キャ	キュ	キョ
[kya 캬]	[kyu 큐]	[kyo 쿄]

キャ	キャ	キュ	キュ	キョ	キョ

ギャ	ギュ	ギョ
[gya 갸]	[gyu 규]	[gyo 교]

ギャ	ギャ	ギュ	ギュ	ギョ	ギョ

シャ	シュ	ショ
[sya 샤]	[syu 슈]	[syo 쇼]

シャ	シャ	シュ	シュ	ショ	ショ

ジャ	ジュ	ジョ
[jya 쟈]	[jyu 쥬]	[jyo 죠]

ジャ	ジャ	ジュ	ジュ	ジョ	ジョ

チャ	チュ	チョ
[cha 챠]	[chu 츄]	[cho 쵸]

チャ	チャ	チュ	チュ	チョ	チョ

ニャ	ニュ	ニョ
[nya 냐]	[nyu 뉴]	[nyo 뇨]

ニャ	ニャ	ニュ	ニュ	ニョ	ニョ

ヒャ	ヒュ	ヒョ
[hya 햐]	[hyu 휴]	[hyo 효]

ヒャ	ヒャ	ヒュ	ヒュ	ヒョ	ヒョ

ビャ	ビュ	ビョ
[bya 뱌]	[byu 뷰]	[byo 뵤]

ビャ	ビャ	ビュ	ビュ	ビョ	ビョ

ピャ	ピュ	ピョ
[pya 퍄]	[pyu 퓨]	[pyo 표]

ピャ	ピャ	ピュ	ピュ	ピョ	ピョ

ミャ	ミュ	ミョ
[mya 먀]	[myu 뮤]	[myo 묘]

ミャ	ミャ	ミュ	ミュ	ミョ	ミョ

リャ	リュ	リョ
[rya 랴]	[ryu 류]	[ryo 료]

リャ	リャ	リュ	リュ	リョ	リョ

Note

Note